SOBRE viver

CLEISLA GARCIA

Sobre viver

COMO JOVENS E ADOLESCENTES PODEM SAIR DO CAMINHO
DO SUICÍDIO E REENCONTRAR A VONTADE DE VIVER

Benvirá

Copyright © Cleisla Vieira Garcia, 2018

Assistente de pesquisa e produção Diego Mendes
Preparação Eduardo Belo
Revisão Augusto Iriarte e Tulio Kawata
Projeto gráfico e capa Simone Fernandes Nikolaus (Obá Editorial)
Diagramação Bianca Galante
Imagens de capa flas100/Thinkstock
topform84/Thinkstock
SlothAstronaut/Thinkstock
Impressão e acabamento Gráfica Paym

Dados Internacionais de Catalogação na Publicação (CIP)
Angélica Ilacqua CRB-8/7057

Garcia, Cleisla –
  Sobre Viver : como ajudar jovens e adolescentes a sair do caminho do suicídio e reencontrar a vontade de viver / Cleisla Garcia. — São Paulo : Benvirá, 2018.
  248 p.

  ISBN 978-85-5717-188-6

  1. Suicídio – Obras populares 2. Prevenção ao suicídio 3. Depressão mental 4. Jovens – Comportamento suicida I. Título

  18-0160
  CDD-362.28
  CDU-364.277

Índices para catálogo sistemático:
1. Suicídio – Obras populares

1ª edição, março de 2018 | 4ª tiragem, fevereiro de 2024

Nenhuma parte desta publicação poderá ser reproduzida por qualquer meio ou forma sem a prévia autorização da Saraiva Educação. A violação dos direitos autorais é crime estabelecido na lei nº 9.610/98 e punido pelo artigo 184 do Código Penal.

Todos os direitos reservados à Benvirá, um selo da Saraiva Educação, parte do grupo Somos Educação.
Av. das Nações Unidas, 7221, 1º Andar, Setor B
Pinheiros – São Paulo – SP – CEP: 05425-902

SAC 0800-0117875
De 2ª a 6ª, das 8h às 18h
www.editorasaraiva.com.br/contato

*Dedico esta obra a todos os sobreviventes da pior das mortes.
Não só aos que estão descritos neste livro.
Aos portadores de todas as dores, das mais avassaladoras
àquelas que parecem insignificantes, mas que maltratam os
dias e, aos poucos, roubam a vida, levando o futuro no agora.
A vocês, todo o meu respeito, compaixão e gratidão sincera.*

AGRADECIMENTOS

Gostaria de agradecer imensamente a todos os médicos e profissionais das mais variadas áreas – renomados psiquiatras, geriatras, hebiatras, suicidólogos, além de voluntários empenhados e dedicados – que de forma afetiva e generosa abriram espaço em suas agendas repletas de compromissos, palestras e atendimentos para responder perguntas, indicar livros, teses de doutorado e esclarecer pesquisas científicas relevantes e até então mais restritas ao mundo acadêmico. Todo empenho com a única intenção de colaborar na prevenção desse fenômeno mundial e ainda tão pouco discutido: o suicídio. Me sinto imensamente grata e privilegiada por aprender com tantos mestres de sabedoria e ética que há décadas se dedicam a essa causa de saúde pública e caráter humano de extrema relevância, como o Dr. Neury Botega. Mesmo com uma linguagem diferente das obras e cartilhas médicas já publicadas, espero ter sido um meio fiel, um portador honesto para essa mensagem de auxílio e acolhimento. Com a ajuda de vocês, desejo que esta obra alcance e encaminhe não só seres aflitos e rodeados pelo risco real do autoextermínio, mas também pessoas que jamais se imaginaram envolvidas num tema tão perturbador e incômodo. Que todos juntos sejamos um ponto de luz ou, pelo menos, uma vírgula, uma pausa reflexiva nessa bela e desafiadora jornada da existência.

Agradeço a todas as famílias que revelaram e confiaram a uma desconhecida seus mais tristes segredos, seus tesouros mais preciosos e sua saudade mais profunda. Obrigada pela entrega do sentimento imortal tatuado na memória apenas pela complexa e desafiadora intenção de ajudar na prevenção do suicídio. Relatos de cortar a alma e, ainda assim, repletos de esperança para que nenhum pai, esposa, irmão ou filho passe por dor semelhante.

Meu reconhecimento e gratidão a todos os meus colegas e amigos da equipe de Jornalismo da Record TV, que contribuíram com extrema ética e competência de forma direta ou indireta para esta obra.

Agradeço também aos meus queridos editores Débora Guterman, Eduardo Belo e Paula Carvalho, que foram minha razão e confiança quando fui apenas emoção e angústia.

Agradeço ao meu marido Marcelo e à minha filha Lis, que por quase um ano conviveram com uma mulher devastada, uma mãe aflita, um ser humano envolto num casulo reflexivo, mas cheio de vontade e determinação em contribuir num terreno desconhecido e arriscado.

Por fim, agradeço aos meus irmãos, Wendell e Clayton, e aos meus pais, Nirce e Bernardino, que mesmo diante de dificuldades das mais variadas ordens, sempre me empurraram para a mais bela vista da face mais alta da montanha do amanhecer e do renascer.

SUMÁRIO

Introdução 11
1. Os sobreviventes 21
2. Como uma baleia nem um pouco azul 41
3. Os condutores da morte 57
4. Encontro com o psicopata 71
5. O moderno flautista de Hamelin e a baleia cibernética 83
6. Os ritos de passagem 97
7. Os pobres meninos tristes 115
8. Dos picos celestiais ao abismo existencial 133
9. Bullying, a ameaça aos meninos de cristal 147
10. Inquilina dos extremos 173
11. CVV, boa noite! 201
12. Onde mora a dona Felicidade 221

Posfácio 235

INTRODUÇÃO

O PESO DO TABU

A redação da equipe de jornalismo da Record TV é um estúdio vivo. Trabalhamos numa extensa sala iluminada bem atrás da bancada dos apresentadores. Quando os telejornais estão no ar, tentamos ser silenciosos, discretos, nos movimentar pouco para não chamar a atenção, esconder bolsas ou apetrechos espalhafatosos, copos coloridos, lenços estampados e afins: qualquer coisa que atraia o olhar do telespectador e desvie sua atenção da notícia ou atrapalhe quem está na bancada. Os telefones ficam quase mudos. Já entendemos a responsabilidade que é trabalhar em um lugar assim, real e virtual ao mesmo tempo.

Naquele dia, finzinho de março de 2017, cheguei à redação num horário em que se podia falar mais alto. Melhor assim. Nasci com o botão do volume quebrado – e não me gabo disso. Era início de tarde e os produtores e a chefia de reportagem discutiam informalmente o tema de uma nova série. A curiosidade me fez entrar de supetão na conversa, como de costume. Foi quando ouvi a palavra "suicídio". Um golpe para quem buscava novidades e pautas leves.

"Vocês estão pensando em fazer uma série sobre suicídio? Uma série?!", perguntei, incrédula e assustada.

"Sim!", respondeu Maria Paula Bexiga, a Paulinha, responsável pelo Núcleo de Séries Especiais do *Jornal da Record*.

"Nossa, isso é perigoso! Um tema complexo, que afugenta as pessoas", objetei, reproduzindo o lugar-comum, quase slogan de um tabu, repetido como um mantra ao longo dos anos. "Sempre que falamos em suicídio, o número de casos aumenta. Imaginem o impacto na TV. Pode ser o gatilho para a morte de um monte de gente", argumentei.

Com uma cara de espanto, me afastei, carregando um misto de medo e incômodo, já tentando evitar qualquer envolvimento com o tema, como acontece com a maioria das pessoas ao ouvir falar sobre suicídio. Seja por preconceito ou por não saber lidar com o assunto, preferimos empurrá-lo para debaixo do tapete – comportamento adotado por décadas, séculos e até milênios, já que se matar é uma prática que remonta aos primórdios da humanidade. Porém, não pude deixar de pensar: "Que missão! Como falar de suicídio por quase uma hora em capítulos divididos por subtemas? Como explicar a prática, informar sem sugerir? Não queria estar na pele desse repórter".

No dia seguinte, me deram a notícia: além dos repórteres Rodrigo Vianna e Luiz Carlos Azenha, eu era uma das escaladas para tratar do assunto. Devo admitir que, pelo menos para mim, aquilo foi como um soco no estômago. Tanta coisa linda para mostrar na TV – as belezas da Serra da Canastra, um mar de corais com peixes coloridos na costa brasileira, os projetos ambientais e científicos da Amazônia –, e eu convocada para falar sobre morte? Suicídio? Parecia uma provação.

Provação ou não, sou da opinião de que, apesar das preferências e habilidades, repórter não deve escolher pauta. Deve ir para a rua e, como um cão farejador, escarafunchar pistas em busca de informação confiável. Por isso, mesmo descontente, me entreguei ao trabalho.

Durante a apuração, morri um pouco, todos os dias. Só para enxergar melhor o assunto, com outros olhos.

O suicídio é antigo e "democrático". Matar-se é um procedimento que se dá entre ricos e pobres, famosos e anônimos, jovens e idosos. A história está recheada de casos de celebridades, artistas, atletas, líderes políticos, cientistas, entre outros, que puseram termo à própria vida em momentos dramáticos ou aparentemente tranquilos.

Nem sempre, no entanto, essas mortes são identificadas como suicídio. É aí que uma outra faceta do tema se apresenta. Por muito tempo, e ainda hoje, o suicídio é a causa de mortes "apelidadas", disfarçadas como acidentes para fugir da perseguição pós-trauma. Assim, o autoextermínio muitas vezes é camuflado em atestados de óbito como acidente de trânsito, acidente com arma de fogo, overdose não intencional, contaminação por medicamento, agrotóxico ou pesticidas.

Por conta dos índices crescentes, desde 2011, a notificação de tentativas e de óbitos decorrentes do suicídio se tornou obrigatória no Brasil. O prazo para que a informação seja registrada é de 24 horas, pelo menos é o que orienta o Ministério da Saúde. Mesmo assim, a Organização Mundial da Saúde (OMS) reconhece em seus mais recentes relatórios sobre o tema que os números, apesar de assustadores, ainda são subnotificados na maior parte do planeta. Por falta de metodologia e de uma apuração mais rigorosa dos casos, e devido a um sistema público de saúde precário, a subnotificação virou rotina.

Falar sobre o autoextermínio também se tornou tabu. É como se a palavra viesse junto com uma superstição ou mau agouro, voando nas asas de uma borboleta bruxa que, segundo a crendice popular, quando pousa na parede da casa, macula a vida dos moradores, trazendo uma fatalidade presumida. Uma crença sem base na razão ou no conhecimento, mas não rara nas zonas rurais e municípios do interior do país. Eu mesma cresci ouvindo isso nos rincões de Goiás. As superstições não costumam colaborar muito com nenhum tipo de tema, e pobres das "borboletas".

Depois de muita pesquisa, aprendi que falar sobre o suicídio não leva as pessoas a se suicidarem – meu primeiro pensamento ao ficar sabendo sobre a série de reportagens. Apenas se for tratado de maneira inconsequente, desordenada e cheia de ideias preconcebidas é que o tema pode provocar em pessoas vulneráveis a tendência ao suicídio por repetição, ameaçando vidas que teriam tudo para florescer, desabrochar. Vidas que escapam da vida por medo do não viver.

Para que pudéssemos informar sem influenciar, todo o trabalho da equipe de jornalismo foi orientado passo a passo por manuais de conduta jornalística e de métodos indicados por profissionais de doenças mentais. Um extenso cardápio de cuidados, até então inimagináveis. A orientação da direção era expressa: construir cuidadosamente uma série que esclarecesse e orientasse pessoas em risco.

A equipe do Núcleo de Reportagens Especiais do *Jornal da Record* estava bem instruída pelos diretores Leandro Cipoloni e Thiago Contreira. Norma Pocker iria cuidar da produção jornalística, com o apoio de outra produtora, Rosana Mamani. Enquanto isso, a editora Camila Moraes ficou com a incumbência de reunir e editar de forma delicada uma hora de reportagens sem contar métodos de suicídio, nem provocar ou sugerir a intenção em vulneráveis.

Além dos manuais, tudo seria acompanhado por uma equipe de especialistas. Psiquiatras, psicólogos, investigadores, delegados. Mas o que delegados e investigadores tinham a ver com isso? Tudo. Estávamos no meio de um fenômeno que ainda não sabíamos se era real ou midiático: o Baleia Azul.

O fato era que o jogo que levava jovens à morte por meio de cinquenta desafios, que incluíam as macabras práticas de mutilação, já deixava em alerta a polícia de pelo menos oito estados brasileiros. A população dessas cidades, algumas bem pequenas, como Vila Rica, no interior do Mato Grosso, acompanhava em choque e incrédula jovens tirando a própria vida, induzidos pelo jogo surgido em uma rede social russa.

Enquanto a produtora Norma Pocker se empenhava em checar números, acompanhar casos de suicídio e mortes suspeitas que surgiam por todo o país e entrar em contato com personagens que se encaixavam na nossa série – familiares de vítimas e jovens vulneráveis que lutavam contra o risco iminente de suicídio –, outro grupo trabalhava em silêncio no meio da madrugada, o Núcleo de Investigação Jornalística.

Foi esse grupo que, após um mês de trabalho, descobriu o perfil de quem se esconde do outro lado da tela do Baleia Azul para guiar sem piedade e remorso jovens vulneráveis e solitários para mortes dolorosas.

O Baleia Azul chegou ao Brasil oficialmente em 2017 e fez algumas vítimas. E seu nado vigoroso revelou todo o poder destrutivo da internet quando mal utilizada. Além dele, pouco antes, outros desafios menos midiáticos circulavam na clandestinidade existente na rede mundial, longe da atenção dos pais, que nem suspeitavam de atividades altamente perigosas, como o Jogo da Fada. Nesse desafio, crianças e adolescentes eram orientados a provocar acidentes com gás de cozinha durante a madrugada, enquanto a família inteira dormia.

Esses jogos de desafios sádicos, letais e macabros deixam de ser invenções e brincadeiras de adolescente e passam a ser um perigo real quando unem, de um lado da tela ou do celular, jovens que precisam de ajuda e, do outro, personalidades doentias que sentem prazer na dor dos vulneráveis: os psicopatas.

Segundo a Associação Brasileira de Psiquiatria e a Organização Mundial da Saúde, para cada jovem que comete suicídio, de cinco a seis pessoas entre amigos e parentes da vítima são afetadas direta ou indiretamente e vão precisar de um acompanhamento médico e psicológico. Algumas vão ficar temporariamente incapacitadas para o trabalho e para uma rotina de normalidade.

O preço do suicídio espelhado – a consequência que o ato de tirar a própria vida provoca nas pessoas à volta – é a dor, um efeito rebote de uma droga mortal: um sofrimento e uma culpa sem limites que muitas vezes se arrastam por anos na vida dos que ficam. Uma morte lenta num caminho conflituoso de pais aflitos que não conseguiram suspeitar, adivinhar, deduzir ou perceber que seus filhos enfrentavam pesadelos intermitentes de viver até o cometimento de suicídios impulsivos ou a décima tentativa certeira.

"Quem tenta não se mata" é um dos maiores mitos sobre o suicídio. Quem tenta muitas vezes tenta até criar coragem e meios. Até conseguir. Um dos grandes mitos sobre o autoextermínio diz respeito justamente às ameaças. A maioria dos suicidas dá sinais sobre a ideia da morte que ronda. Boa parte deles, dias ou semanas antes de consumar o ato, expressa sua vontade a familiares, amigos e principalmente a profissionais de saúde, mesmo que de maneira velada. Mas esses sinais, muitas vezes, são ignorados ou tratados, no caso dos jovens, como fase.

Preconceitos e mitos que só dificultam a compreensão do tema e o desenvolvimento de medidas oportunas de prevenção. Quem pensa em se matar não se vê muito à vontade com nada. Muito menos em desabafar diante de um complexo estigma. Essas pessoas quase sempre se sentem envergonhadas, acuadas, discriminadas. Enfrentam um sofrimento solitário e silencioso. Mas emitem sinais.

"Quando fazemos a prevenção, usamos nossas ferramentas, o suicídio passa a ser um problema tratável e evitável em mais de 90% dos casos. Aí deixamos de perder essas pessoas, esses jovens. É um tema que merece nossa atenção, todo o nosso cuidado. Se existiu pelo menos uma coisa boa nessa série *13 reasons why*, da Netflix, e no Baleia Azul, foi trazer à tona esse problema, um assunto tão importante para que possamos evitar que outros jovens se percam", afirma a psiquiatra Alexandrina Meleiro, que prestou assessoria aos jornalistas envolvidos com as reportagens.

A série *13 reasons why*, transportada para a TV pelas mãos do premiado dramaturgo Brian Yorkey, causou rebuliço assim que foi lançada, em 31 de março de 2017. Os episódios deixaram adolescentes curiosos e pais chocados, botaram o dedo na ferida jamais tocada, desafiaram a sociedade moderna sem restrições, ajudaram e ao mesmo tempo contrariaram a Organização Mundial da Saúde, escancarando cenas explícitas de estupro e a dolorosa passagem da morte da protagonista Hannah Baker.

Já a nossa bem-intencionada série jornalística, tímida e cheia de cuidados para não ferir ninguém, ainda dava os primeiros passos, tateando o terreno do tabu, driblando os limites perigosos de um assunto pantanoso e delicado. Em março de 2017, ninguém de fora da equipe de execução sabia que a preparávamos. E os casos estavam lá, bem na nossa cara. Como antes. Como sempre estiveram. Só que agora ganhavam visibilidade, começavam a rastejar de debaixo do tapete para fora, motivados por doenças e transtornos não tratados, por uma baleia cibernética questionável, pela crise política, por dúvidas existenciais comuns da raça humana, pelo desemprego, pelo bolo de problemas não resolvidos que cresce e quer sair da garganta.

Pouca gente sabe, mas enquanto você respira uma vez só, ou seja, a cada três segundos, uma pessoa no mundo, em algum canto agitado ou remoto do planeta, tenta tirar a própria vida. E, em menos de um minuto, uma delas consegue. Os dados são da Organização Mundial da Saúde.

Quando você convive com pessoas afetadas, e não só com números, essa descoberta é dolorosa, quase insuportável, quando se desnuda bem na nossa frente, sem máscaras, sem piedade, desafiando o tabu. É tão penosa e dilacerante que alguns de nós sofreram os efeitos de um tsunami emocional. Depois de longas e densas entrevistas com especialistas, vítimas, vulneráveis e sobreviventes, sentimos o impacto do tema.

Vimos de perto as marcas ainda recentes de mutilações conduzidas e voluntárias, o sofrimento de pais impotentes, perdidos e apavorados, lutando, quando ainda havia tempo para lutar, para salvar os filhos de uma prática que surgiu na Antiguidade e que agora ganha outra dimensão, mais digital, com mortes on-line, em tempo real.

Da aversão, caminhamos para a sensação de impotência, de comoção e de vontade de ajudar. Eu fiquei estranha, tive insônia e crises repentinas de choro. Achei que fosse precisar de ajuda médica. Mas, no meio da correria, deixei para depois, como tantos, de maneira equivocada. E agora? O que fazer com todas essas descobertas? Parece que fomos "contaminados" pelo assunto e adoecemos um pouco.

A explicação veio de uma conversa impactante e acolhedora com Robert Paris, presidente do Centro de Valorização da Vida (CVV), e um dos nossos principais entrevistados. Há mais de 50 anos, a ONG ouve, com técnica apurada, pessoas que se sentem vulneráveis e as aconselha. Paris me contou um pouco mais sobre o princípio ou a alma da chamada "escutatória", a técnica do ouvinte amoroso e eficiente. "Para ouvir de coração, sem julgamentos e entender a dor do outro, além de ter vontade, é preciso encarar de frente e curar as próprias dores."

Este livro é uma tentativa de colaborar com o esclarecimento da população, em especial dos jovens, pais e responsáveis, por meio de uma abordagem cuidadosa do tema, mas de forma franca e objetiva. Espero que essa meta seja alcançada. Se a leitura destas páginas servir para impedir uma única morte ou um gesto de automutilação, todo o esforço e medo terão valido a pena.

1

OS SOBREVIVENTES[1]

"Cansei de inventar histórias. Cansei de esconder cicatrizes. Cansei da insistência no tabu, da prevalência do preconceito. Cansei de proteger as pessoas da própria curiosidade e do medo de descobrir a verdade. Sempre quis ser invisível, mas cansei de me camuflar."

Carla Hidalgo, sobrevivente

"Liga pra minha mãe!"

O porteiro daquele condomínio pode viver mais 200 anos, mas jamais esquecerá essa frase. Jamais esquecerá aquela cena.

Era dezembro de 2004. Mês do Natal. Época festiva e alegre. Mas não para todos. A ceia e a confraternização podem até ter data e hora marcadas. A sensação de satisfação e plenitude, nem sempre. Bate na alma e é metabolizada de forma diferente por cada um. Não se sabe ao certo até hoje se ainda era sexta, 3, ou já era sábado, 4 de dezembro, quando o porteiro do prédio de classe média alta da zona oeste de São Paulo teve seu sossego entre uma chamada e outra de interfone bruscamente interrompido por um estrondo sinistro que reverberou na noite tranquila e empurrou para longe o silêncio.

---

1. Colaborou na produção deste capítulo, Norma Pocker.

A entrada principal do prédio era toda calçada por pequenos ladrilhos e cimento no lugar em que antes havia um pequeno jardim. Na dureza do concreto, e não na terra, o impacto pareceu mais forte. Seu José, despertando do estado de torpor, aproximou-se, curioso para saber o que havia despencado das alturas. Não precisou de mais que três passos. Tomou coragem para chegar ainda mais perto, curvando levemente o corpo, cauteloso e impressionado, embora quisesse mesmo andar para trás. Foi com imenso espanto que viu a bela menina com grandes olhos cor de esmeralda. Era real, a cena mais triste que já havia presenciado. José pede todos os dias para o infinito para nunca mais testemunhar uma imagem dessa natureza. O terror no rosto do porteiro só não foi maior que a surpresa quando Carla Hidalgo pediu:

"Liga pra minha mãe!"

A estudante, na época com 12 anos, ainda ditou devagar o número do celular da mãe. Em choque, o porteiro ficou sem ação, mas o barulho da queda tinha acordado o vizinho do primeiro andar, que desceu rapidamente para saber o que tinha acontecido. Foi ele quem ligou para Isabel Cristina e deu a notícia, sem ser capaz de amenizar o relato. Antes de telefonar para a mãe da menina, porém, fez o mais certo. Ligou para o resgate. Ainda consciente, Carla chegou ao Hospital das Clínicas de São Paulo à 0h34 do dia 4 de dezembro. Foi lá que nasceu de novo.

Nascer de novo, ter uma nova chance, uma possibilidade estatisticamente remota em casos assim, dói e pode ser o início de um longo processo de reabilitação. Nem sempre o renascer devolve ao sobrevivente os mesmos movimentos, o mesmo rosto, a mesma capacidade cognitiva e intelectual, as mesmas habilidades – até mesmo nas tarefas mais simples do dia a dia. A vida que escapa da morte por um fio deixa sequelas no corpo, na mente, na alma. E abre indiretamente um rombo naqueles que estão à sua volta. Em especial, os pais.

Turbulência no tempo em que os jovens deveriam sonhar

Num dos mais importantes e recentes relatórios lançados sobre o tema, *Preventing suicide: a global imperative*,[2] a Organização Mundial da Saúde traça um panorama completo sobre esse fenômeno mundial e trata os casos de suicídio, até então camuflados nas estatísticas, como um problema de saúde pública que exige ações e medidas emergenciais. Tomando como referência os dados de 2012 – último ano em que os números foram totalizados –, a OMS estima que, em apenas um ano, 804 mil pessoas tenham se suicidado nos países analisados, o equivalente a pelo menos um caso consumado a cada 40 segundos. Uma média de 2,2 mil casos por dia. E esse número vem crescendo.

Desde que os dados passaram a ser contabilizados, os maiores índices de suicídio no Brasil e no mundo sempre pesaram sobre pessoas com idade mais avançada. Em especial, aquelas com mais de 70 anos. Os motivos não variam muito: solidão, viuvez, doenças crônicas, falta de perspectivas e a sensação de inutilidade trazida pelo afastamento do trabalho. Tudo isso acrescido pelo aumento da expectativa de vida nem sempre acompanhado por políticas públicas que priorizem ou pelo menos respeitem os mais velhos.

Mas, se os índices de infelicidade sempre aumentaram com a idade, na última década, os pesquisadores observaram uma leve inversão na curva, o que talvez explique o fato de os casos de suicídio terem crescido também entre os mais jovens, a parcela da população que, diz o senso comum, está no auge da vida, no ápice da alegria, no topo do universo de projetos e sonhos. Na faixa etária entre 15 e 29 anos, o suicídio já é a segunda causa de morte por atos violentos no mundo. Só não mata mais que os acidentes de trânsito. Uma revelação preocupante.

---
2. ORGANIZAÇÃO MUNDIAL DA SAÚDE. *Preventing suicide:* a global imperative. Genebra: OMS, 2014. Disponível em inglês: <http://www.who.int/mental_health/suicide-prevention/world_report_2014/en/>. Acessado em 13 de dezembro de 2017.

No Brasil, não é diferente. Segundo o *Mapa da violência*, estudo publicado anualmente a partir de dados oficiais do Sistema de Informações de Mortalidade do Ministério da Saúde (SIM), o suicídio juvenil cresce de maneira lenta, mas constante.[3] A taxa de suicídio entre jovens de 15 a 29 anos subiu de 5,1 casos por 100 mil habitantes em 2002 para 5,7 por 100 mil habitantes em 2015. Parece um crescimento tímido diante do número agressivo de homicídios no país na mesma faixa etária (cerca de 59 mil em 2015), mas representa um crescimento de quase 12%.

Uma análise mais criteriosa comprova a evolução discreta e progressiva que dá à taxa de suicídios no Brasil – e em várias partes do mundo – contornos de epidemia autoinfligida. De acordo com dados oficiais do Sistema de Informações de Mortalidade, avaliando um período de tempo mais longo, de 1980 a 2015, o crescimento foi de quase 30%,[4] o que acende um sinal de alerta.

O assunto ganhou ainda mais visibilidade com as mortes atribuídas ao suspeito jogo de desafios pela internet Baleia Azul. Investigações internacionais sugerem que o jogo tenha surgido em março de 2016, numa rede social da Rússia, e se propagado depois da veiculação nas próprias redes da falsa notícia da morte de cerca de 130 jovens russos que teriam participado dos desafios propostos pelo jogo. Há fortes indícios, no entanto, de que o que começou como uma notícia mentirosa acabou se tornando realidade. O Baleia Azul pode estar relacionado à morte de cerca de cem adolescentes em várias partes do mundo, inclusive no Brasil, onde os casos de suicídio deixaram em alerta a polícia de pelo menos oito estados.

Além de criar ambiente propício para as mortes reais, num momento de extrema exposição e exibicionismo em redes sociais, a internet

---

3. WAISELFISZ, Julio J. *Mapa da violência 2016*: homicídios por armas de fogo no Brasil. Brasília: Flacso, 2015. Disponível em: <http://www.mapadaviolencia.org.br/>. Acessado em 27 de novembro de 2017.
4. Parte do aumento do número de casos pode ser atribuída ao crescimento das notificações de suicídio, embora os especialistas considerem que a prática permaneça subnotificada no Brasil. [N. E.].

também abriga conteúdo que serve de manual eletrônico de indução e estímulo à autotortura, sendo possível encontrar na rede até um passo a passo do sofrimento autoinfligido, seja com desafios de asfixia ou pelo uso nocivo de substâncias em pó encontradas em qualquer mercado ou produtos que produzem queimaduras e mutilações. Atendendo a orientações de cartilhas desenvolvidas pela Associação Brasileira de Psiquiatria para os cuidados na veiculação de informações sobre o autoextermínio, este livro não vai listar essas práticas.

Um alerta que todos os especialistas consultados para este livro-reportagem fazem aos pais e responsáveis é acompanhar o que os jovens com menos de 18 anos acessam on-line. Não se trata de invadir a privacidade nem de desrespeitar a individualidade; é um cuidado para eliminar ou reduzir parte dos riscos que chegam pela web. Riscos que muitos pais nem sequer suspeitam existir quando permitem que seus filhos se isolem, dentro do quarto, supostamente protegidos da violência urbana.

Tigres selvagens e elefantes voadores

Carla foi encaminhada à Unidade de Terapia Intensiva do Hospital das Clínicas em estado gravíssimo. Quase nenhuma parte de seu corpo saiu ilesa da queda. Ela fraturou fêmur, bacia, sete vértebras, pulso esquerdo, cotovelos e braços. O quadro clínico era tão delicado que os médicos descartaram a possibilidade de fazer qualquer intervenção cirúrgica. O que mais preocupava a equipe de especialistas era uma hemorragia nos pulmões, difícil de ser contida. Os pais queriam transferir a menina o mais depressa possível para um hospital particular, o Albert Einstein, mas a remoção não foi autorizada. Carla poderia não resistir. Assim que a equipe médica liberou, ela foi transferida para o Hospital 9 de Julho, onde ficou até o fim do tratamento. Prognósticos e exames indicavam que ela teria no máximo mais uma semana de vida. Isabel, sempre forte, independente e confiante no modelo de educação que escolhera, precisou ser medicada para suportar a notícia que uma mãe nunca imaginaria receber.

Para quem pensa que pôr fim à própria vida significa eliminar todos os problemas, "renascer" é o início de um grande pesadelo, o alicerce de um inferno amargo repleto de sofrimento e angústia. O marco de um trauma psicológico quase irrecuperável que pode vir junto com sequelas físicas irremediáveis. Mesmo quando a decisão de se suicidar é tomada de forma impulsiva, à margem da consciência plena, por uma criança ou adolescente em crise ou surto.

Com apenas 12 anos, Carla sofreu muito – e não sofreu sozinha. Toda a família – mãe, avó, tios, primos – foi sobrevivente e testemunha da angustiante e lenta recuperação. Carla e os parentes mais próximos sentiram de perto, por pelo menos três semanas, a presença constante da má notícia, à espreita naquele quarto de UTI. A morte poderia chegar numa hemorragia, numa parada cardíaca ou numa complicação repentina do quadro clínico instável e delicado.

Além da própria dor, Carla teve oportunidade de ver e ouvir o sofrimento alheio. Dividia a UTI com outras mulheres, algumas idosas, que, por algum motivo, urravam de dor. "Bem alto e estridente", relembra. Os gemidos aterrorizantes e os gritos duravam horas que pareciam uma eternidade. Carla se sentia em um filme de terror. Seus pedidos por silêncio não eram atendidos ou, quando eram, os gemidos davam uma trégua pequena demais, quase imperceptível, para recomeçarem em seguida. Ela própria começou a vibrar na mesma sintonia.

"Comecei a berrar o mais alto que podia. Já que elas não paravam nunca, não me deixavam ter um segundo de tranquilidade, fiz o mesmo. Ninguém conseguia me conter. Me sentia muito irritada", relata.

O quadro era aterrorizante. Uma criança presa a tipoias, com o corpo invadido por agulhas e acessos de soro, ligada a aparelhos e monitores, cheia de dor e gritando sem parar. O pior de todos os pesadelos jamais imaginados por Isabel. A situação comovia até os plantonistas mais experientes, que se revezavam aos pés da cama da menina até nas horas de folga. "Tinha uma médica que me atendeu assim que eu cheguei ao hospital. Ela era socorrista e só ficava na emergência, mas quase todos os dias ia me visitar. Quase nunca eu ficava sozinha, mas, quando ficava, ela vinha, chegava do nada, como se soubesse da solidão. Me olhava com ternura e sentava numa poltrona. Ficava lá, caladinha, lendo e me olhando por horas", recorda.

Para conter as dores dos ossos quebrados, o incômodo dos aparelhos invasivos e das dezenas de exames diários, os enfermeiros administravam doses de morfina. Nos dias mais difíceis, na memória que Carla tem da época, cheia de conflitos e confusão mental, os intervalos entre as doses eram curtíssimos, de 20 em 20 minutos. Os médicos asseguram que isso não é possível. Mesmo em casos delicados como o dela, as doses são administradas em média de 4 em 4 horas. A prescrição varia de acordo com a idade e o quadro clínico do paciente.

A substância de alto poder analgésico, associada a outros medicamentos, provocava fortes alucinações, relembra Carla. Numa delas, a menina viajava escondido dos pais, na própria maca do hospital, para o Rio de Janeiro, acompanhada pela vovó Juju. Dona Juraci, a avó materna, na realidade se encontrava consternada, em estado de choque e completamente debilitada com a tentativa de suicídio da neta tão querida. Em outras situações, bem mais frequentes, Carla se sentia vigiada de perto por um tigre, que andava de um lado para outro no quarto. A presença do animal fantasma a colocava em desespero. "Eu gritava muito, chorava e pedia para não me colocarem no chão porque o tigre iria me pegar", recorda.

Amarrada – para sua própria segurança – e repleta de drenos pelo corpo, Carla não podia colocar os pés no chão. Mesmo se tentasse, não conseguiria sustentar o peso do próprio corpo. Segundo os melhores prognósticos, a garota ficaria com alguma deficiência considerável. Com o tratamento intensivo e a ajuda de uma equipe dedicada e eficiente, conseguiu sair da UTI para passar a noite de Natal no quarto, rodeada por primos e tios. Naquela noite, tão esperada, tão sonhada por sua família, Carla sentiu-se tão mal, com dores e náuseas, que desejou ter permanecido quieta na UTI até o sono chegar e a noite passar. Pelo menos o tigre não apareceu no quarto. Foi seu melhor presente de Natal.

A princesa que se sentia a ovelha negra

Carla sempre estudou em ótimos colégios. Não foram muitos, apenas dois, dos melhores que o dinheiro poderia pagar. Era aluna dedicada, compenetrada, daquelas que não faziam bagunça nem criavam tumulto ou confusão na sala de aula. Querida pelos professores, era amiga de toda a sala, mesmo dos alunos do fundão, apesar de preferir as primeiras fileiras.

Antes de conhecer e ter acesso à internet, Carla gostava mesmo era dos diários de capinha colorida, com os quais passava boa parte do seu tempo, perdida nas próprias histórias. Os diários eram muitos, cada mês de um jeito. Às vezes, porque ela escrevia tanto e tão compulsivamente que as páginas acabavam logo e Carla precisava de um novo. Outras vezes, porque encontrava numa papelaria um modelo mais atraente, mais colorido, mais interessante. E o que ela tanto contava ali? O que tanto escrevia com aquela letra ajeitadinha de quem sempre buscava a perfeição? Ela prefere não lembrar.

Filha única, desfrutava de status de princesa em casa. Isabel trabalhava como prestadora de serviço em uma grande empresa em São Paulo, da qual o pai de Carla era um dos sócios. Os dois se conheceram durante o trabalho, e Isabel ficou grávida de Carla aos 25 anos. Fez de tudo para que a filha estudasse em ótimas escolas e andasse com figurino caprichado. As roupas eram "da realeza", embora a menina esnobasse todas, inclusive as que vinham especialmente da Itália para ela na bagagem da mãe. "Eu não gostava daquele estilo de roupa, eu era discreta, mais básica. Olhava, agradecia e deixava no armário", conta Carla.

Na escola, andava tudo bem. Não era a melhor aluna da sala, mas sempre tirava notas bem acima da média estipulada pelo colégio, embora abaixo das que ela mesma desejava para si. Nada estava de acordo com as expectativas da estudante. Se aos outros, aos amigos e parentes, ela permitia que fossem como gostariam de ser, para ela, restava a difícil e quase inalcançável tarefa de ser perfeita ou pelo menos raspar no "quase lá".

"Como falhar em algo que era a única coisa que fazia da vida? Isso era inaceitável para mim. Assumir e me contentar com erros e falhas não era comigo. Era uma imposição minha para mim mesma. Eu me cobrava. Se eu falhasse, me torturava mentalmente."

Morar num bairro paulistano de classe média alta tinha suas vantagens. Tudo estava ao seu alcance, as ruas eram arborizadas e tinha um sobe-e-desce confortável de gente e cachorros fofinhos pelas calçadas. Era bom, muito bom, mas a menina gostava mesmo era do fim de semana, quando a vida de filha única e "perfeitinha" era interrompida. Diferente de Carla, sua mãe vinha de uma família grande, com 12 irmãos. Quase todos moravam em casas simples na zona norte de São Paulo. Para se deslocar até lá, as duas não precisavam cruzar a cidade, mas a distância parecia bem grande diante da ansiedade em chegar. Longos e deliciosos minutos de carro. No fim de semana, Carla não se sentia "única"; ao contrário, era mais uma na multidão de 23 barulhentos netos da vó Juju.

Na sexta-feira à noite, a chave do rigor, controlada de perto e o tempo todo pela menina, ficava off-line. Na casa da tia Gui, ao lado da prima Mary, quase com a mesma idade, existia até a possibilidade de dormir sem tomar banho. Quem diria? Doces e guloseimas não eram proibidos nunca. Se banho de chuveiro não era lei, o de mangueira, respingando alegria, escorrendo no piso da varanda, extrapolando os limites do quintal, se fazia uma obrigação. Não dava para viver sem isso.

Quando a noite chegava, o cansaço tomava conta da molecada e não tinha cama para tanta gente. Era hora de erguer, literalmente, acampamento no meio da sala, em bases frágeis, suspensas por encostos de cadeira e edredons surrados. Isso, sim, era vida. Uma vida que valia ser vivida. No acampamento perdido da floresta de cadeiras, cobertas e almofadas, vez ou outra, até uma lua aparecia para iluminar a infância cheia de sonhos. Uma infância que só durava dois dias por semana. Depois, era preciso atravessar de novo o doloroso portal da realidade. Um lugar onde Carla se sentia uma "princesa bastarda", fora de contexto, "uma patricinha" com luxos irritantes e desnecessários para quem queria apenas erguer os pilares da vida num acampamento permanente.

Uma semelhança, por favor! Nem que seja um defeito

Apesar de a família da mãe achar que a vida de Carla beirava a perfeição, a menina não enxergava a própria existência dessa forma. O pai, que tinha outra família no Mato Grosso, deu a Carla todo o apoio financeiro, algumas viagens, visitou-a muitas vezes. Ele participou de parte de sua infância. Mas ainda era pouco, longe do ideal. Carla só conheceu os meios-irmãos aos 10 anos. Cresceu com a sensação de que não pertencia a mundo nenhum, de não ser o fruto de nenhuma árvore genealógica. Sentia-se estranha, fora de quase todos os padrões formais e regulamentados pela sociedade. Indesejada ou, pelo menos, nascida na hora errada. Talvez por isso jamais tenha participado de festinhas da escola ou datas comemorativas que reunissem no mesmo ambiente os dois lados de sua história. Tudo isso compunha um enredo que ela achava incompleto – e que gostaria de esquecer.

"A sensação de não fazer parte de nada era bizarra. Chegava a comparar se tinha as mãos, os dedos, os olhos ou até mesmo o jeito de ser e andar igual aos dos meus pais. Quando encontrava algo que julgava parecido, ficava feliz. Mas eu ainda era a bastardinha. Quando conheci meu irmão, fiquei muito feliz ao perceber que ele tinha orelhas de abano iguais às minhas, iguais às do meu pai, herdadas do meu avô. Que alegria!", desabafa Carla, anos depois.

Perto dos 10 anos de idade, a sensação de estar fora da engrenagem familiar foi causando danos. Carla se tornou cada vez mais observadora, atenta, com o radar ainda mais ligado nos assuntos dos adultos, com quem ela se identificava muito mais do que com crianças da mesma idade, com a turma da escola.

"Vivia ouvindo: 'Carla, não fica prestando atenção na conversa dos adultos!'. Na hora, fingia obedecer, não me intrometia, mas continuava com a antena ligada, queria entender melhor aquele mundo nebuloso em que estava inserida, só não queria perguntar. E assim permaneci. Sempre quieta, atenta, nunca desligada."

No segundo semestre do sexto ano, as ideias foram se complicando. A mente emitia um sinal perigoso de angústia e isolamento. Tênue demais para que a família notasse. Não foi tão aos poucos assim, mas, a essa altura dos acontecimentos, a rotina já havia se tornado um fardo pesado. A menina começou a usar roupas da cor de seus pensamentos, da cor da vida que só ela enxergava: "O preto era uma necessidade de passar despercebida, de não ser notada, era como eu me sentia. Depois, virou uma forma de chamar a atenção".

Vestida de preto ou não, ela bebeu.

A primeira vez foi aos 10 anos: dois copos de vodca com Coca-Cola bem cheios. Ela se lembra perfeitamente que "esse batismo" foi na companhia dos primos, o que deixava tudo muito mais divertido, com cara de brincadeira. Mas não foi a única vez. Ninguém na família se preocupava com isso: nem tios nem primos nem mesmo a mãe acreditavam que essa prática, executada de maneira bem excepcional, fosse prejudicar as crianças. Para os adultos, era um hábito esporádico de confraternização familiar. Então, se não havia reprimendas, para Carla também não pareceu condenável. No máximo, criança beber não soava convencional ou agradável para observadores de fora da família. Ela nunca se sentiu dependente de álcool, mesmo que algumas vezes a bebida tenha causado vômitos, enjoos e tonturas, balançando e desnorteando a vida já repleta de náuseas.

Viver para cumprir metas

Quando se sentia muito sozinha, o que não era raro, a estudante buscava companhia na internet. Passava horas diante do computador mandando mensagens para os primos e conhecidos. Na época, dezembro de 2004, o recurso mais usado para esse tipo de conversa era o MSN Messenger.

Quando só a empregada estava em casa, não existiam muitas restrições de horário. Uma independência precoce e gradativa até aquele momento da vida, mas que avançou rapidamente naquele ano. Carla foi tendo problemas na escola, as notas caíram, afastou-se dos amigos da mesma idade, aliou-se a estudantes mais velhos, se enturmou com outras tribos, como a da música, a dos "desencanados", camuflou a idade real com a idade mental. A mãe, que nunca tinha sido chamada ao colégio, foi convocada várias vezes. Pouco antes das férias de fim de ano, movida por vários porquês, inclusive o do fraco desempenho em matemática, Carla deixou o Olimpo das boas notas, o topo das próprias expectativas, para cair no vale das pessoas normais, refém de seu próprio desmerecimento.

"Viver para mim era cumprir metas, era fazer o que deveria ser feito. Nada de grandioso, pois isso me faria chamar a atenção, e eu não queria nunca chamar a atenção. Tudo na minha vida era uma questão de disciplina. Ir bem na escola, conforme já tinha ouvido do meu pai, não era mais do que obrigação para uma menina que tinha tudo. Viver era cumprir a missão de ser perfeita, sem esperar nenhum reconhecimento por isso. Era só minha obrigação. Nada mais."

Mas buscar a perfeição a desnorteava. Pela primeira vez, Carla ficou de recuperação. Um acontecimento tão corriqueiro na vida de muitos adolescentes, para Carla, aliado a tantos questionamentos e autocobrança, se transformou em um episódio dramático e serviu de gatilho para o que viria em seguida. Naquela tarde de sexta-feira, ler a palavra "recuperação" no site da escola abriu um grande buraco, um vazio que parecia devorar todo o resto das coisas boas da vida. Em sua cabeça, só em sua cabeça e de ninguém mais, de acordo com suas próprias recordações, a vida nem era tão maravilhosa assim.

Carla se desesperou, mas não pediu ajuda. E os sinais que emitia, por sua postura cada vez mais retraída, seu desinteresse pelo estudo, por algum motivo, não foram captados a tempo. Agora, na idade adulta, quando questionada sobre o motivo de ter tentado se matar, Carla costuma responder que "não existe um único porquê, o que existe é um bolo de razões não tratadas, que vão se acumulando até você achar que não consegue mais suportar tudo aquilo, e chega um momento em que você nem sabe o que incomoda ou dói mais".

A noite que não habita a memória

Por volta das 3 da tarde do dia 3 de dezembro de 2004, Carla chegou ao prédio onde morava e pegou o elevador sozinha. Sua mãe, que a havia apanhado na escola, não poderia subir, estava com a agenda cheia de compromissos. Carla achou que estivesse sozinha, mas se surpreendeu com a companhia insistente e indesejada da angústia. A menina queria dormir e esquecer a existência, atravessar um portal e ir para um lugar em que não houvesse aquela sensação de não pertencer a mundo nenhum, de ter falhado. Na matemática e na vida. Enfim, a recuperação era só o pingo d'água num balde que transbordava todos os dias. Foi até o quarto da mãe, pegou a caixa de primeiros-socorros. Nela só havia medicamentos comuns, vendidos como balas nas farmácias. Tomou vários deles. Sabe-se lá quantos.

O trauma foi grande, e Carla não se lembra de nada. A memória se apagou, e a última cena de que se lembra é de ter entrado no apartamento. O que soube, durante sua lenta recuperação, foi que depois de ingerir os remédios, alguns de uso infantil, passou a tarde revirando o apartamento, quebrando utensílios. Ninguém percebeu. Ninguém interveio. Ninguém ofereceu ajuda. Foi um surto absolutamente solitário. Perto da meia-noite, ela continuava sozinha em casa. Foi quando despencou pela janela. Ela mesma não sabe explicar como.

O Brasil é um dos países com maior número de farmácias por metro quadrado no mundo. Muitos brasileiros têm o hábito de manter medicamentos estocados em casa.[4]

Vale um alerta: qualquer tipo de medicamento é considerado droga, mesmo aqueles que parecem inofensivos. Em situação suspeita ou como rotina, como prevenção, qualquer medicamento deve ser mantido fora do alcance de crianças, assim como produtos químicos, de limpeza ou corrosivos.

Em casos assim ou situações de risco e violência, vizinhos e testemunhas podem e devem pedir ajuda através de telefones de emergência:

- 192 Serviço Público de Remoção de Doentes
- 190 Polícia Militar
- 193 Corpo de Bombeiros
- 197 Polícia Civil
- 132 Assistência a Dependentes Químicos
- 141 Centro de Valorização da Vida
- 160 Disque Saúde
- 153 Guarda Municipal
- 199 Defesa Civil

---

5. O Brasil tem uma farmácia para cada 3.300 habitantes. A recomendação da Organização Mundial da Saúde é de um estabelecimento do gênero por 8.500 habitantes. O país é um dos dez com maior número de farmácias em funcionamento. (Fonte: CONSELHO NACIONAL DE SAÚDE. *Consumo de medicamentos:* um autocuidado *perigoso*. Disponível em: <http://www.conselho.saude.gov.br/ultimas_noticias/2005/medicamentos.htm>. Acessado em 27 de novembro de 2017).

O melhor é não lembrar do pior

O esquecimento temporário ou duradouro de um momento traumático da vida, como ser vítima de estupro, testemunhar uma cena de grave violência e morte ou até mesmo a tentativa de suicídio, não é raro na história da medicina. Segundo neurologistas, essa é uma das formas que o cérebro encontra para se proteger de lembranças extremamente dolorosas e impactantes, um mecanismo de defesa. Infelizmente, nem sempre é assim, e a memória insistente pode perseguir suas vítimas de maneira atormentadora, incapacitando-as para a volta a uma rotina de normalidade e plena saúde mental.

O documentário *Memory hackers*, do canal americano PBS, mostra que, num futuro não muito distante, a possibilidade de não reter na memória momentos traumáticos poderá ser uma escolha dos pacientes. Embora pareça algo difícil, não é impossível para a medicina e especialistas persistentes. É o que revelam estudos ainda em andamento de muitas universidades americanas, como a do Colorado.

Excluir lembranças danosas mais antigas parece ser tarefa das mais complexas. Sempre que elas vêm à nossa mente, tendem a se tornar cada vez mais fortes, num fenômeno batizado como reconsolidação. Suprimir de maneira controlada essas más lembranças pode revolucionar os procedimentos terapêuticos usados hoje em doentes com estresse pós-trauma ou alto grau de ansiedade em virtude da incapacidade em lidar com imagens debilitantes e insistentes. Em algumas circunstâncias, como ocorreu com Carla, o trauma causa um bloqueio voluntário. Por isso, ela não se lembra daquela noite. Felizmente, nem seu corpo carrega as marcas do episódio trágico: Carla não ficou com nenhuma sequela física.

Quando teve alta do hospital e finalmente voltou para casa, uma unidade semi-intensiva foi montada em seu quarto para auxiliar na recuperação. Foram inúmeras sessões de fisioterapia para reabilitar o corpo, realinhar a postura e devolver os movimentos, parcialmente e aos poucos. Foram mais de seis meses andando de cadeira de rodas.

Voltar para a escola foi cruel. Para a menina que queria ser invisível, atrair todos os olhares era tudo o que ela não precisava. Mas teve que se acostumar com a insinuação silenciosa, especulativa e espantada. Até hoje lida com o julgamento alheio sempre que sua história se torna conhecida de mais alguém. Durante todos esses anos e até assistir à série *13 reasons why*, ela mentiu muitas vezes, contou mais de uma versão para a mesma pessoa, dependendo da insistência.

O colégio, segundo ela, bem que tentou, mas não sabia o que fazer com a menina que tinha tentado colocar fim à própria vida. Esconder ou transferir? "Não seria melhor mudá-la de escola, mãe?", teria dito uma das coordenadoras na época.

Quando Carla se mantinha calada, como de costume, os coordenadores chamavam os pais. Se estava sorrindo, mandavam um comunicado urgente para a família. Se Carla passava a semana meio blasé, agendavam uma reunião com a psicóloga. Ela parecia ser um problema para a escola.

Para a família, uma menina como ela tentar se matar sem "nenhum motivo" ultrapassava os limites do razoável, não poderia ser normal. Carla passou por vários terapeutas. Primeiro, foi encaminhada a uma psicóloga infantil. Carla odiou. Depois, para um psiquiatra – que ela amou. Hoje se sabe que, em mais de 90% dos casos, o suicídio está associado a patologias mentais não diagnosticadas ou não tratadas. Carla era uma exceção. Tinha tentado cometer o chamado suicídio impulsivo, o mais raro e perigoso de todos. Aquele que não costuma emitir sinais com antecedência e quase sempre é fatal.

Aprendendo com os hippies

Ser sobrevivente não significa que a pessoa não vai tentar de novo nem que vai ser feliz para sempre, agradecida pela nova chance de viver. No caso de Carla, ela é muito agradecida por ter recebido uma imensa oportunidade de viver de novo e, embora tenha passado por momentos felizes e infelizes várias vezes desde o ocorrido, nunca mais tentou se matar. Passou por muitos psicólogos, muitos momentos de angústia, um curso de administração bem executado numa das mais renomadas faculdades do país, a Fundação Getulio Vargas. Além de todos os mergulhos internos em sessões de terapia holística.

Aos 19 anos, fez uma viagem de seis meses sem destino – ou quase. Contrariando a vontade dos pais, partiu em busca de uma nova experiência, longe daquele sistema e modelo que já conhecia bem. Na meia volta ao mundo, visitou vários países. Foi à Croácia e à República Tcheca. Conheceu o frio rigoroso do inverno austríaco. Foi em Viena que identificou ou reconheceu, pela primeira vez, pelo menos de maneira consciente, que sentia falta de gente. E decidiu fazer uma curva no destino do mapa e da vida.

Deixou de seguir em direção à gelada, bela e nebulosa Islândia e partiu para a convidativa Grécia. Em Tessalônica, na região da Macedônia, conheceu hippies. Uma turma de hippies modernos, mas hippies. Ali, na casa comunitária, dividiu com eles alimentos, o colchão ou o chão. Tudo, tudo mesmo, era partilhado por falta de recursos e excesso de vontade. Nesse lugar fora do "normal" e longe das antenas da perfeição, que finalmente pareciam ter enguiçado, ela riu com mais frequência, se sentiu mais leve, encontrou finalmente o sentimento de pertencer a algo, a algum lugar. Descobriu que se pertencia.

O mais difícil, ela sabia, não era encontrar a alegria, o contentamento em algum lugar do mundo. Era manter ou reforçar a sensação de completude dentro de si, independentemente de onde estivesse. Erguer dentro dela mesma o próprio acampamento acolhedor, como na casa dos tios na infância. Para ajudar, tatuou no braço esquerdo, o mais atingido pela queda: "Felicidade só é real quando compartilhada".

Na volta da viagem, aplicou-se aos estudos, conseguiu um bom emprego, trabalhou com valores, mergulhou no mundo complexo e – por que não? – bem matemático da gestão de valores mobiliários de terceiros. Mas, dessa vez, foi tentando se enamorar do equilíbrio, não deixando bolos internos crescerem e asfixiarem a alma, reprimirem o sentimento. Ao mesmo tempo que avançava na carreira, fez terapia, meditação, alguma atividade física. Sem tantas exigências e cobranças. Se permitiu viver. Um dia por vez. Teria sido tão mais fácil se a descoberta tivesse vindo antes. Mas talvez a facilidade não fosse para ela. Reconhecer e aprender com a própria história foi um grande alívio e um encantador recomeço. Mesmo que recomeçar seja uma criança que nasça junto com o sol. Todos os dias.

2

COMO UMA BALEIA NEM UM POUCO AZUL

Vista de perto, a baleia-azul é colossal. Nos primeiros meses de 2017, o nome desse gigante marinho deixou as profundezas dos oceanos para habitar, em forma de ameaça, o imaginário popular e as páginas de jornais do mundo inteiro; para nadar sem freios na internet.

O que se sabe é que um hacker decidiu associar informações divulgadas pela mídia a uma finalidade bem definida – e mórbida. A notícia era de que baleias imensas estariam encalhando propositalmente na praia, solitárias ou em bando. O encalhe é um fato que ocorre eventualmente, com diferentes espécies de cetáceos, como baleias, botos e golfinhos, e pode ocorrer quando o animal está desorientado, seja em virtude de uma doença ou outro fator.

Problemas ambientais, ruídos excessivos de barcos e ondas sonoras emitidas por embarcações potentes, ou seja, ações humanas, podem dificultar a geolocalização das baleias, que, desnorteadas, nadam sem rumo, acabam indo parar nas praias e, sem conseguir regressar às águas mais profundas, morrem. Ferimentos e doenças também podem deixar o nado menos vigoroso e, de forma acidental, fazer com que os animais sejam arrastados para a parte mais rasa. Não há, porém, comprovação científica de que baleias encalhem voluntariamente.

"Para que um animal cometa suicídio é preciso que exista um componente depressivo, algo que é próprio do comportamento humano", explica o professor e pesquisador de biologia marinha do Instituto de Biociências da Universidade Estadual Paulista, Unesp, Mário Rollo.

Porém, da maneira como a informação chegou às redes sociais, parecia que as baleias, movidas pela dor ou por algum tormento e incômodo extremos, num gesto de desespero, estariam saindo do mar espontaneamente, à procura da morte na areia. Primeiro as mais velhas, seguidas pelas demais, incluindo filhotes. O gesto, supostamente repetido várias vezes, viraria um símbolo, uma espécie de bandeira para a falsa notícia – como se uma grande onda de depressão houvesse varrido o fundo do mar e tornado infelizes centenas ou milhares de cetáceos. A transmissão da notícia de forma enviesada, distorcida, foi proposital. A ideia que se queria transmitir era: animais grandes, mas frágeis, estariam se matando de forma supostamente gloriosa. Se era uma estratégia válida para animais, por que não seria para humanos vulneráveis e infelizes?

A notícia falsa, compartilhada pelo mundo com intensidade, ganhou ares de verdade – e a sugestão nela implícita recebeu um corpo. Foi a partir dessa analogia que um grupo de russos não identificados criou o Baleia Azul, um jogo de desafios sucessivos que leva os participantes, todos enfrentando dramas existenciais reais ou imaginários, a cumprir tarefas, principalmente relacionadas à automutilação e a várias formas de sofrimento, como preparativo para o "encalhe" final: o suicídio. Em maio de 2017, um jovem russo de 21 anos chegou a ser preso acusado de ser um dos criadores do jogo e de incitar de maneira direta o suicídio de pelo menos 16 garotas e de outras tantas de forma indireta. Durante depoimentos à polícia, Philipp Budeikin teria se referido às vítimas como "lixo biológico".

Seduzidos pela proposta de sair de cena de forma supostamente gloriosa, jovens social e psicologicamente fragilizados de todo o mundo começaram a ser induzidos, via internet, a se tornar "uma baleia". A curiosidade levou muitos deles a procurar informações sobre como agir para ganhar o status de baleia azul. O jogo mortal rapidamente se disseminou pelo mundo on-line.

"I'm a whale!", postaram em suas redes sociais muitos jovens. A maioria também desenhou, com instrumentos cortantes, o símbolo da baleia nas pernas e braços. Ao declararem "sou uma baleia", tinham a ilusão de estar entrando em um caminho ao fim do qual todos os problemas que os afligiam estariam resolvidos. Ninguém sabia de onde vinha aquela onda, mas meninos e meninas infelizes passaram a buscar um curador, um "condutor" dentro do jogo – alguém habilitado pelos criadores do desafio e com perversidade suficiente para induzir os candidatos a baleia a se autoinfligirem mais dor e sofrimento.

O papel do curador ou administrador é dirigir os passos dos participantes, ou seja, levá-los a cumprir um a um os desafios propostos. Mais precisamente, cinquenta passos rumo ao "nada", o único lugar onde muitos queriam estar. Por curiosidade, por interesse em desafiar limites ou por desesperança, a brincadeira perigosa alastrou-se e angariou um número cada vez maior de jovens.

A farsa que virou realidade

O jogo Baleia Azul é tipicamente resultado de um fenômeno cada vez mais comum hoje no mundo, as "fake news". A veiculação de notícia falsa, baseada numa brincadeira, num blefe, sempre existiu, mas ganhou nova dimensão com a popularização da internet e, principalmente, das redes sociais, onde todos podem dizer o que querem sem compromisso com a verdade.

> A baleia-azul de verdade quase foi extinta no início do século XX. Não porque se empenhava em suicídios em massa, mas pela caça predatória potencializada pelo avanço tecnológico da atividade baleeira. Navios maiores e mais rápidos e arpões explosivos foram usados para perseguir o gigante marinho de forma impiedosa. Na década de 1930, em uma só temporada, 29 mil baleias foram mortas. A Comissão Baleeira Internacional proibiu a caça da baleia-azul em 1966. A matança diminuiu, mas os abates regulares prosseguiram. Biólogos estimam que a população desses animais hoje seja de cerca de 11 mil indivíduos – algo como 5% do auge, quando 200 mil baleias-azuis nadavam livres pelos oceanos.

Quando uma onda de incerteza se une a um tema de interesse e curiosidade, contido e sufocado por qualquer tipo de preconceito, medo ou tabu, pode surgir a fórmula perfeita para a propagação de boatos. Mesmo que sem comprovação, informações são lançadas ao mar de notícias e acabam por arrastar muita gente até as profundezas da ignorância, causando muitos danos num maremoto que só parece ganhar força a cada nova postagem. Jovens, internet, desafios e supostas mortes pelo mundo foram a fórmula usada para disseminar o terror midiático em grande escala. Condições favoráveis para proporcionar a explosão do Baleia Azul.

As primeiras informações de que um jogo tinha sido criado para induzir o suicídio surgiram na Rússia em 2015, através do VKontakte (VK), o equivalente russo do Facebook. Entidades locais se apressaram em desmentir a notícia falsa. Verdadeiro ou não, o viral não parou de avançar. O modelo do jogo, compartilhado por centenas de internautas, espalhou-se pela Europa, em países como Espanha e França.

Em menos de um ano, surgiram os primeiros casos de acidentes e mortes supostamente ligadas ao jogo. Depois das primeiras denúncias vindas de vários continentes, em 1º de abril de 2017, o dia da mentira em diversos países, a notícia de mortes associadas a um suposto jogo de desafios mortais chegou ao Brasil, aumentando em mais de 1.000% o número de acessos em busca de informações sobre o jogo e temas afins na internet, como a palavra "suicídio".

No Brasil, falar sobre assuntos de natureza mórbida virou tendência, assim como em outras partes do mundo. Um motivo de preocupação para famílias e especialistas da área de saúde mental, que nunca foram tão requisitados. Segundo um estudo com quase 20 milhões de internautas brasileiros conduzido pelo Centro de Estudos sobre Tecnologia e Informações e Comunicação (Cetic), pelo menos 10% dos brasileiros com idade entre 11 e 17 anos acessam conteúdos no mínimo "estranhos" e "macabros". Um a cada dez adolescentes quer saber mais sobre como se ferir. Para isso, recorrem a fontes duvidosas e até arriscadas, cujo objetivo é quase sempre provocar as lesões. E um a cada vinte jovens demonstra curiosidade virtual sobre suicídio.

O crescimento do tema entre a população jovem impressiona. De modo geral, em comparação com pesquisas anteriores, o avanço foi de 11% quando o assunto é mutilação e fatos relacionados, e 6% vão além, querem saber mais sobre formas de morrer. O Baleia Azul teve muito a ver com isso, um flerte on-line com a automutilação, com o sofrimento, um canal aberto para a morte, seguindo metas, cumprindo etapas.

No dia 19 de abril de 2017, um estudante de 17 anos tentou se matar em Bauru, no interior de São Paulo, depois de atravessar várias madrugadas em sessões de autotortura. A dor física não era só um desafio, era como uma punição para o próprio sofrimento. Por mais controverso que pareça, a dor dos cortes levava embora um pouco da agonia daquela alma adolescente. Finos cortes nos braços e nas pernas, que ele tentava esconder. Antes de tentar a morte em via pública, o menino usou seu perfil no Facebook para declarar: "A culpa é da Baleia!". Em muitos relatos, jovens confirmam que se reconhecer publicamente no mundo virtual como uma "baleia" significa que a pessoa participou dos desafios até chegar a uma fase avançada do jogo.

Graças a essa postagem, o garoto foi impedido de consumar seu objetivo. Foi salvo pela polícia. Em seu caso, o que seria um dos últimos desafios antes de se matar – aventurar-se perigosamente em lugares altos por alguns minutos e se confrontar com seus maiores medos – se converteu em mais uma chance de seguir vivendo. O fim do jogo só é alcançado quando o jogador consegue executar o autoextermínio e não apenas tenta. Uma história que escapou das estatísticas perversas de um jogo virtual que promove o arriscado encontro entre jovens vulneráveis e mentes sádicas e doentias.

Esse não foi o único caso em Bauru. Até julho de 2017 a polícia investigava, oficialmente, pelo menos outros dois. Num deles a mãe percebeu o comportamento estranho da filha. Isolamento, muito tempo no quarto, nenhum apetite, olhar perdido e triste. É mais ou menos assim que acontece com quase todos os adolescentes envolvidos em desafios dessa natureza. No dia 3 de maio, ao entrar no quarto de surpresa e fora de hora, a mãe se assustou com a cena. A filha tinha uma lâmina nas mãos e alguns cortes superficiais nas pernas. Demorou alguns segundos para associar a imagem aos episódios relatados nos jornais, em todos os sites, que não paravam de passar na televisão.

No celular da menina, a mãe, desesperada, buscou pistas e achou confirmações. A garota era orientada por um curador em grupos restritos do Facebook. A surpresa ainda maior veio no decorrer das investigações, comandadas com rigor pela Polícia Civil. Um dos supostos administradores estava bem perto, rondava quase diariamente a casa. Era o namorado da vítima.

Induzir alguém ao suicídio é crime previsto no artigo 122 do Código Penal. A pena pode ser de um a seis anos de prisão. Se a vítima for menor ou apresentar quadro de doença psíquica, como depressão, a pena pode ser agravada. Thomás Busnardo, promotor do Ministério Público de São Paulo, explica que, em situações em que a vítima demonstre sua resistência diminuída, a pena pode até dobrar, beirando o tempo de reclusão por homicídio.

Por um fio de esperança

A mãe avistou o filho sentado debaixo de uma árvore e foi ao seu encontro para saber como ele estava se sentindo. Achou que seria coisa à toa, só mais uma discussão de rotina entre pai e filho adolescente. De vez em quando, eles se desentendiam mesmo. Era comum. Ao se aproximar, reparou que Luiz tinha um grande corte em X no rosto. Havia sido um dos escolhidos.

Na verdade, o menino tinha se alistado, ido atrás, buscado o desafio, movido pela enorme desesperança que o devastava havia alguns meses. A única certeza na cabeça daquele rapaz de 16 anos, que aparentemente tinha tudo que um jovem desejava – um quarto amplo com uma TV de tela grande só para ele, computador e celular à disposição –, era de que a vida não se sustentava mais em nenhum alicerce, não havia mais motivos para continuar. A vida quase perfeita que aparentava levar era o que todo mundo sabia, o que era possível enxergar, mas as insatisfações dos dias são costuradas em pequenos desalentos, aliadas ou não a grandes traumas.

"Ninguém me procurou. Fui eu que fui atrás deles. Achei no Facebook. Só no meu grupo eram 180 jovens. Todos procuraram o curador, procuraram o jogo. Ninguém foi convidado", admitiu o garoto logo após ser descoberto.

Os pais se separaram quando Luiz tinha apenas 3 anos e ele foi viver longe da mãe. Priscila diz que brigou pelo filho na Justiça, mas não conseguiu a guarda na época porque estava desempregada e com várias dificuldades. "Hoje eu brigaria ainda mais por ele, tentaria aumentar as visitas, chegar mais perto. Eu briguei, nunca desisti dele, mas ainda acho que foi pouco. Mãe sempre acha que é insuficiente. Essa distância fez muito mal para o meu filho. Ele era muito pequeno", desabafa a mãe.

"É muito fácil fazer esses desafios quando você se sente sozinho. As pessoas de casa não percebem a gravidade. Não tenho esperança de melhorar. Nem com psicólogos nem com remédios. Não sei dizer se seria uma fase", declarou o menino em maio de 2017, em entrevista ao repórter Rodrigo Vianna, para a série da Record TV "Suicídio – Alerta aos jovens". Um desabafo acompanhado por uma sensação imensa de impotência diante dos próprios sentimentos, sem forças para traçar qualquer plano de vida. Nem mesmo para um passeio com os amigos ou uma viagem no fim de semana.

No primeiro instante, ao ver o corte, a mãe imaginou que a briga com o pai tivesse passado do ponto, ultrapassado os limites, chegando à violência, à agressão. "Achei que o pai tivesse batido nele. Depois de duas horas de conversa, com muita calma, ele me contou. Na hora, fiquei sem saber o que fazer. Já tinha ouvido falar do Baleia Azul. Meu filho mais velho me mostrou na internet. Mas nunca imaginei que teria um caso na família."

A mutilação no rosto do filho, que deixou uma grande cicatriz, acionou um alerta tenebroso na vida da vendedora Priscila. O garoto com o X teria sido mais uma vítima de uma teia de conflitos difícil de ser desfeita sem uma ajuda especializada e sem um acolhimento carinhoso. A confissão não deixou dúvidas. Mas por quê, entre milhares de jovens, a baleia perseguia justo o seu filho? De fato, a mãe nem sabia que o estudante passava por dramas tão profundos e convivia com uma infelicidade insistente e ameaçadora. Apesar do sofrimento da descoberta, Priscila viu ali uma grande oportunidade, a chance que muitas mães não tiveram: um recomeço.

Não era a primeira vez que a tristeza visitava Luiz. Ele sabe que não se sentir feliz faz parte da vida. Mas essa tristeza não era uma qualquer. Ela se mantinha com insistência ao longo dos dias, das semanas, dos meses. Chegou a durar um ano. Foi aí que veio a ideia de entregar a direção da própria vida a outro, um curador. De preferência uma pessoa que tivesse pouco apreço à vida, que não tivesse emoções demasiadas, que agisse com a frieza que o assunto exige.

Luiz passava muitas horas dentro do quarto diante da tela do computador, participando dos desafios lançados ou simplesmente acompanhando a conversa e os avanços de outros integrantes do grupo, o que acabou intensificando ainda mais seu quadro depressivo. Normalmente, os chamados desafios, uma lista com cinquenta ordens, que incluem enfrentar os próprios medos, subir em lugares altos e perigosos e se mutilar, são repassados aos jogadores por volta das 4h20 da manhã, horário em que a falta do sono é perturbadora e a família dorme, sem suspeitar que está perdendo o filho dentro de seu próprio quarto, sem que ele precise sequer se arriscar na rua.

Para convencer o curador a adotar uma nova "baleia", Luiz teve que ser categórico, enfático. A exigência para que eles aceitem conduzir alguém é que a vítima esteja vulnerável, bastante fragilizada, em crise profunda. Assim, o risco de desistir no meio do caminho é menor. Os curadores não querem curiosos e aventureiros por perto; querem jovens dispostos a chegar ao fim da lista: o suicídio. "Era um homem. Eu ouvi a voz dele depois. Primeiro ele queria saber se eu estava mal mesmo. Eu disse que sim. Falei tudo. Aí ele perguntou se eu iria chegar ao desafio 50. Eu disse que sim. Quem chega ao 50 é porque está muito mal de verdade, tem depressão, problema na escola, coisas assim. Quem não tem, vai desistir, não vai se matar."

O garoto foi aceito logo nos primeiros contatos. Passou madrugadas cumprindo as ordens macabras. Assistiu a filmes de terror, ouviu músicas psicodélicas, entrou numa espécie de transe cibernético. Lentamente, passo a passo, o terreno para o autoextermínio ia sendo preparado. O estudante cumpriu 22 desafios e, durante crises de ansiedade, se mutilava. Quando o curador perguntou se ele queria morrer, respondeu escrevendo "sim" na perna com a lâmina do apontador e mandando a foto para o grupo. A partir daquele momento, as ordens seriam mais rigorosas, mais perigosas.

De acordo com as regras do jogo, sem nenhum fundamento real, quem entra não pode mais sair, mas, ao ver o sofrimento e a angústia no rosto da mãe, Luiz repensou. O jogo não prevê a participação do afeto no tabuleiro. Quando a escuta carinhosa da dama mexeu as peças de forma emotiva e sincera, xeque-mate. Pelo menos naquele momento, Priscila, em uma única jogada, arrebatou o filho e o conduziu de volta à realidade.

"Eu escrevi que iria sair do grupo. Perguntei se podia e esperei. Aí vieram os comentários. Muitos. Duraram toda a madrugada. Os amigos pedem para você não sair, pedem para continuar. Dão força! Não sei se são amigos. Não voltei mais", revela o menino, que, durante a conversa, diz que por algumas vezes chegou a mediar o jogo para outros jovens. "Eu iria me matar em menos de dois meses, mas quando minha mãe viu meu rosto cortado... ela não poderia ter visto aquilo. Não poderia saber antes que iria me matar. Não pode ser assim. Parei por causa dela. Mãe é única", argumenta, demonstrando que restou um vínculo. E que ele é mais forte do que a vontade de morrer.

Priscila abraçou para si toda a responsabilidade de ter o filho de volta, inclusive em casa, com confiança e resignação. Até então, ele morava com o pai, que tem uma situação financeira mais confortável. "Foi um grito de socorro. Que bom que ouvi a tempo. Que bom que pude acordar, ver onde estava errando. Acho que, mesmo tentando acertar, talvez tenha errado por 16 anos; agora, quero encontrar o caminho certo."

Logo após a mutilação, o adolescente passou a receber a ajuda de especialistas, como psicólogos. Luiz também faz terapia regularmente e pelo menos duas vezes por mês tem consulta com um psiquiatra, que auxilia no tratamento para a depressão. De um modo geral, tem reagido bem. Mas a vida emocional tem altos e baixos. Nem sempre é simples, as relações podem ser complexas, os traumas, intensos e a revolta pelos desentendimentos do passado, aparente.

No segundo semestre de 2017, Luiz teve uma discussão violenta com a mãe depois de tentar agredir o irmão menor e voltou a morar com o pai. Mesmo assim, Priscila insiste em não se afastar, procura manter sempre contato, não perder o vínculo nessa fase tão tumultuada, cheia de mudanças. Apesar dos momentos de angústia, Luiz, que foi proibido de ter acesso à internet, pelo menos temporariamente, começa a pensar na possibilidade de que tudo seja apenas uma temporada de grandes transformações.

Em momentos de tranquilidade, Luiz volta a acreditar que a vida ainda reserva, sim, uma nova paisagem, outros contornos de otimismo, depois da curva brusca da depressão. Empenha-se em estudar e conseguir o primeiro emprego. Apesar de todas as dificuldades, a proximidade, a presença mais constante dos pais, o estado de vigília com a adolescência por parte dos adultos, a abertura para o diálogo sem julgamentos, a negociação de limites, estrategicamente definidos pelos próprios pais ou com a ajuda de profissionais especializados, como a

> A proibição do acesso à internet foi uma decisão da família e não tem respaldo clínico. Especialistas não costumam sugerir esse tipo de medida e muitos deles acreditam que a restrição radical pode aumentar o isolamento do jovem e potencializar os conflitos no ambiente familiar.

redução negociada ou a substituição de tempo de exposição à internet e às redes sociais por outras atividades prazerosas, representam um fiapo de esperança a ser tecido, a ser vivido, a ser enfrentado.

Quem entende do assunto, das mais variadas áreas da psicologia à psiquiatria, diz que essa proximidade deve ser um investimento particular de cada família, seja em passeios, um esporte coletivo, atividades que reúnam todos de maneira divertida, jogos no fim do dia, brincadeiras descompromissadas no jantar. Dia a dia, sem nenhuma fórmula mágica, receita pronta ou remédio mirabolante. Uma busca pessoal. Não tem como fugir disso.

O filme mudou e a baleia cresceu

A tecnologia mudou a fotografia. As imagens não são mais preservadas em negativos, são reveladas on-line, postadas. Na era do telefone celular com conexão à internet e câmera de foto e vídeo, os dedos correm agitados. A velocidade e a habilidade para digitar e postar textos e imagens dependem um pouco da década em que se nasceu. Os que nasceram depois da virada do milênio possuem talento quase irritante e sobre-humano nesse mundo touch.

Jovens são praticamente robôs preparados e desenvolvidos para digitar. As crianças já vêm de fábrica com mãozinhas velozes e olhos e ouvidos vorazes por conteúdo instantâneo. Na tela, mergulhadas em jogos e redes, recebem o último pacote de dados, fatos, fotos e mensagens. Encomendas frescas que vêm do canal favorito do YouTube ou da mais recente fornada de entretenimento. A distração é postada do outro lado do mundo, do país ou do grupo da escola. Nem sempre com força suficiente para atravessar a rua ou a porta de casa, encurtar as distâncias, promover um encontro, selar um abraço.

Nas redes sociais especializadas em imagem, as cenas de felicidade extrema, cheias de filtros e artifícios, ganham destaque, acumulam "curtidas", ou "likes". Já é possível aumentar alguns centímetros de altura, afinar cinturas, mudar a cor dos olhos. O melhor sorriso, o melhor figurino, os melhores corpos, o salto mais impressionante de um abismo real numa selfie malsucedida. Em artigo publicado no site da revista *Psychology Today*, a diretora de psicologia e mídia do Centro de Investigação em Boston, Pamela Rutledge, afirma que as selfies, quando muito frequentes, além de uma superexposição, refletem uma busca excessiva por atenção e podem demonstrar uma dependência social, indicativos de baixa autoestima e narcisismo.[1]

"Como sociedade, estamos na fase de experimentação das tecnologias portáteis e pessoais", argumenta Pamela. "Muitos celulares são equipados com câmeras e lentes que nos convidam à exploração. Isso inclui imagens digitais de tudo, inclusive de nós mesmos." Pamela também faz um alerta aos pais: a frequência de atividades on-line é um indicador visível de um jovem com falta de confiança ou sensações que podem levá-lo a outros problemas.

A hiperexposição se revela uma forma de chamar a atenção, um mecanismo público e moderno de pedir ajuda. Ser visto, curtido e comentado vai saneando a necessidade de conexão social. Beleza, coragem, humor são ferramentas para alavancar o ego. Jovens – e também adultos – podem estar passando por momentos difíceis na vida real, principalmente quando tudo parece perfeito e belo nas telas, o dia todo, o tempo inteiro. A relação entre exibicionismo virtual e isolamento real já está clara para os especialistas.

Houve o caso de um brasileiro que quis transmitir o próprio suicídio ao vivo no Facebook depois de várias desilusões, num estado de depressão frequente e logo após ficar desempregado. A esposa estava prestes a dar à luz ao quarto filho do casal. A tentativa ocorreu na madrugada da quarta-feira 8 de março de 2017, numa cidade do meio-oeste de Santa Catarina. O homem de 40 anos foi salvo numa ação inédita

---

1. RUTLEDGE, Pamela B. Making sense of selfies. *Psychology Today*. Disponível em: <https://www.psychologytoday.com/blog/positively-media/201307/making-sense-selfies>. Acessado em 21 de novembro de 2017.

no Brasil.[2] Em virtude de outros casos semelhantes já transmitidos em tempo real, e temendo um efeito dominó e imitativo, o Facebook já havia tomado providências. Desenvolveu ferramentas para identificar situações dessa natureza com rapidez, tentando manter o princípio universal de preservar a vida.

A estratégia suicida foi identificada por meio de algoritmos. Numa ação conjunta e veloz, o Facebook repassou as informações à polícia dos Estados Unidos: um brasileiro, pai de família de Santa Catarina, estava prestes a se enforcar ao vivo. Por intermédio da Embaixada Brasileira nos Estados Unidos, a Secretaria de Segurança Pública de Santa Catarina foi acionada. Os dados de cadastro foram repassados, e a Polícia Militar chegou a tempo, constatando a veracidade da apuração e impedindo a ação. O mesmo homem já havia postado antes, em outros vídeos, indícios de que pretendia se matar. Ele foi socorrido e, quando chegou ao hospital, contou aos policiais que era mecânico, estava desiludido com a própria vida e não tinha como sustentar a família.

Como ocorre com 90% dos suicidas, independentemente da idade, o mecânico já tinha enfrentado problemas psicológicos e estava em depressão. ONGs que trabalham com a prevenção ao suicídio, como o Centro de Valorização da Vida, reforçam que, na maioria das vezes, o suicida emite sinais de alerta como forma de pedir ajuda. Um fator muito importante, mas desconsiderado com frequência. Um dos grandes equívocos e mitos entre a população é achar que quem ameaça não cumpre. Na prática, nos casos de suicídio, quem tenta uma vez costuma tentar de novo com mais afinco.

---

2. Mecanismo anti-suicídio do Facebook evita uma morte em Santa Catarina. *Jornal NH*. Disponível em: <http://www.jornalnh.com.br/_conteudo/2017/03/noticias/pais/2083135-mecanismo-anti-suicidio-do-facebook-evita-uma-morte-em-santa-catarina.html>. Acessado em 27 de novembro de 2017.

A imitação da dor

No século XVIII, o jovem Werther era apaixonado por uma moça chamada Lotte. Mas ela, desde muito cedo, estava noiva de Albert. Albert e Werther eram amigos. Consumido pela dor de amor e pela desesperança, o jovem Werther resolveu se matar de maneira trágica.

Werther é personagem do romance *Os sofrimentos do jovem Werther*, escrito pelo alemão Johann Wolfgang Goethe (1749-1832). Depois da publicação da obra, em 1774, muitos jovens resolveram acabar com a própria vida, recorrendo ao mesmo método relatado no livro. Esse processo de inspiração ou estímulo para ações parecidas, em especial entre pessoas mais jovens ou vulneráveis, ficou conhecido entre os especialistas por mimetismo ou efeito Werther.

Os suicídios em sequência levaram o livro de Goethe a ser censurado em vários países da Europa.

3

OS CONDUTORES DA MORTE[1]

Um jovem de 23 anos bem apresentável. Bonito, atlético, cabelos escuros cobertos por um gorro casual azul. Um moletom da moda, calça jeans e um chinelão nos pés. Na aparência, um estudante universitário como outro qualquer. Frio, econômico nas palavras e nos gestos, não trazia vestígio de emoção. Quando falava, o fio da morte atravessava a mesa, dava calafrios na espinha, embolava a garganta da garota de 19 anos em plena crise de depressão. Depois de momentos durante os quais a jovem tentava disfarçar a tensão, ele perguntou:
"Por que chegou até aqui se não queria se matar?"
"Não tive coragem."
"Então por que se mutilou?"
"Pois é", ponderou ela, emendando uma pergunta:
"Você queria que eu tivesse terminado o jogo?
Que tivesse me matado?".
Um sim discreto, quase inaudível, foi a resposta.
A cabeça balançando de cima para baixo confirmou
a intenção. Pela primeira vez, ele sorriu.

Aquela tarde no fim de abril se revelava num outono incerto. Estava longe de ser um dia bonito. O céu permanecia acinzentado, e a chuva nem caía de vez nem cessava. Era um dia tipicamente de garoa, com

---

1. Colaboraram na produção deste capítulo para a série do *Jornal da Record*/Record TV, Álvaro Saraiva, André Caramante, Diego Costa, Júlia Rezende e Lumi Zúnica.

um mormaço estranho, daqueles que normalmente não estimulam ninguém a sair de casa e viver a vida com entusiasmo. Antes da despedida, depois de um pedaço de tarde de conversa densa, profunda e reveladora, a simpática e acolhedora médica desabafa, com a câmera e o gravador já desligados. É justamente quando as luzes dos equipamentos se apagam que costumam surgir as melhores revelações.

"Eles são muito ruins, sentem prazer na dor dos outros, não sentem nenhum remorso ou culpa. Quase nunca têm conserto. São mesmo pessoas perversas", pontuou Alexandrina Meleiro, uma breve seriedade tomando as feições suaves do seu rosto.

"Fiz um juramento na medicina, me dedico a isso. Nunca me recusei a atender ninguém. Quando eles chegam aqui no consultório, escuto, faço os procedimentos necessários e encaminho para um colega que sei que vai atendê-los muito bem. Mas tratar essas pessoas, eu não trato. Posso fazer essa escolha. É um direito meu. Há muito tempo, recebi um pai aflito que queria ajuda para a filha mais velha, do primeiro casamento, que passou a morar com ele, a nova esposa e o filho caçula. Depois de um tempo de consulta, eu disse a ele: 'Muito cuidado, se tudo permanecer assim, ela será capaz de levar à morte sua família inteira'. Eles foram devidamente auxiliados, tudo deu certo. Mas não costumo atender casos assim", desabafou, revelando ali parte de sua experiência médica e, mais adiante, seu ritual humano, que vai além da medicina. Um viés que costumamos chamar de espiritualidade, independente da fé ou da religião: "Quando eles deixam o consultório, eu e minha secretária fazemos, cada uma a seu modo, uma longa prece para que eles encontrem um bom caminho e não façam mal a ninguém".

Ela se referia aos psicopatas, nome dado a pessoas que exibem um conjunto de comportamentos e traços de personalidade bem específicos.

O que é um psicopata

Em suas publicações e palestras, a escritora e psiquiatra Ana Beatriz Barbosa Silva, referência e autora respeitada em temas que abordam os enigmas da mente humana, estima que cerca de 4% da população mundial seja formada por psicopatas, independente de escolaridade e classe social.[2] A maioria, homens. Um número maior do que a população de diabéticos, que soma 2%, compara a médica. Podem estar enquadrados nesse transtorno uma pessoa mentirosa, que parece inofensiva, um político corrupto compulsivo ou até mesmo um amigo próximo e querido ou alguém da sua família. Qualquer pessoa pode se encantar com um psicopata, concordam os especialistas. Eles parecem "normais", podem ser gentis e muito cordiais, estimulados por seus objetivos.

Os graus do transtorno são variados, mas, numa análise rasa, os psicopatas não costumam ser pessoas dignas de confiança, demonstram comportamento arriscado, irresponsável, sem conseguir frear impulsos. No relacionamento amoroso, mostram-se insensíveis e culpam os outros por seus constantes deslizes, como se quisessem sempre virar o

---

2. De cada 25 pessoas no Brasil, uma é psicopata, diz autora de best-sellers. *Corpo e Mente*. Disponível em: <http://www.revistacorpoemente.com.br/noticias/a-cada-25-pessoas-no-brasil-uma-e-psicopata-diz-autora-de-best-sellers>. Acessado em 28 de novembro de 2017;
SILVA, Ana Beatriz B. *Mentes perigosas*: o psicopata mora ao lado. Rio de Janeiro: Editora Principium, 2014.

jogo, deixar o próximo movimento no tabuleiro a seu favor.

Ana Beatriz chegou a dizer em uma palestra de divulgação do livro *Mentes perigosas* que um psicopata é um fantasma que sabe bem para quem aparecer. Um psicopata com transtorno grave é incapaz de sentir amor, culpa, compaixão. Nem sempre leva uma pessoa à morte com as próprias mãos, mas não se esquiva em roubar e destruir a vida de alguém pelo prazer em presenciar a dor alheia, sem remorso algum.

Um mergulho no nevoeiro

Era a minha primeira entrevista para a série sobre suicídio do *Jornal da Record*. Alexandrina Meleiro, coordenadora da Comissão de Prevenção ao Suicídio da Associação Brasileira de Psiquiatria, nos daria todo o suporte necessário para que não adoecêssemos durante o trabalho. Porque os profissionais de imprensa que cobrem o assunto não devem apenas seguir as regras descritas nas cartilhas. Também necessitam de cuidados para evitar o contágio, não ser afetados pelo tema, não ficar sugestionados ou cair em algum tipo de transtorno, como a depressão.

A orientação de Leandro Cipoloni e Thiago Contreira, diretores da Record TV, era clara: todos os nossos passos jornalísticos tinham de ser guiados e acompanhados de perto por psiquiatras, psicólogos, pedagogos, integrantes e ex-integrantes da Organização Mundial da Saúde e especialistas em investigação de crimes cibernéticos, além de policiais que investigam os casos já registrados no Brasil.

Enquanto uma frente, composta pelas produtoras Norma Pocker, Rosana Mamani e Maria Paula Bexiga, além de mim, do repórter

Rodrigo Vianna e da editora Camila Moraes, corria atrás de personagens, números, decupagem[3] e especialistas, outra equipe entrava no front: o Núcleo de Investigação Jornalística, que teria a parceria do repórter Luiz Carlos Azenha.

Os jornalistas desse núcleo são conhecidos como "repórteres sem rosto", por terem de preservar sua identidade e, algumas vezes, adotar codinomes. Questão de sobrevivência. Eles trabalham numa espécie de quartel-general da informação silenciosa, que nasce da observação, da constatação, da suspeita ou de uma denúncia. Num primeiro instante, qualquer informação é mantida em sigilo para o bom andamento do trabalho.

Para obter êxito nas operações, repórteres investigativos não costumam deixar rastros nem se gabar de seus feitos. A vaidade, tão presente no meio jornalístico, não tem espaço. Por isso, o núcleo tem papel fundamental, que é conseguir de forma anônima imagens, sons e informações que não poderiam ser obtidos às claras.

A missão do núcleo não era simples, como nunca é: o Baleia Azul existia de verdade ou era apenas uma fábula divulgada mundialmente, uma pegadinha cibernética criada por hackers? Se existia, qual era o caminho para entrar no jogo? Pelas redes sociais? Pelo WhatsApp? A vítima era fisgada, escolhida ou precisava se apresentar voluntariamente a um curador? Como chegar até ele? E, se tudo desse certo, se alguém conseguisse se infiltrar nas comunidades, o que fazer? Como avançar no jogo sem cumprir os desafios, como as mutilações? Eram muitas dúvidas e poucas informações concretas.

Caçada aos caçadores

Os "meninos" do núcleo já sabiam que precisariam criar uma identidade falsa, uma pessoa que tivesse o perfil que os mediadores

---

3. Listagem de material filmado ou gravado em fita de vídeo ou áudio para posterior seleção dos trechos a serem aproveitados na edição.

procuram: jovem e vulnerável. Mas o que é um jovem vulnerável? Como isso pode ser classificado?

Num primeiro momento, qualquer pessoa pode se considerar suscetível e frágil em determinadas circunstâncias. Não é isso. O que os curadores buscam são presas debilitadas. Um jovem que esteja enfrentando problemas que, para ele mesmo, pareçam insolúveis – seja com a família, com os amigos, com o namorado ou o companheiro – ou que enfrente um transtorno psicológico ou de humor, por exemplo. Se houver dependência química – álcool ou drogas –, a caracterização é ainda mais fácil.

Não se trata de alguém que brigou com o namorado ou perdeu o emprego e passa por um "estado depressivo". A tristeza faz parte das curvas da vida. É até saudável para acender sinais de alerta, segundo os especialistas. Se alguém nunca se sente falível e infeliz, deve procurar ajuda. Isso é grave.

Pensar que algo pode não dar certo está dentro dos padrões de normalidade. Mas a psiquiatra Alexandrina Meleiro, especialista no fenômeno do suicídio, alerta que, quando os maus pensamentos ganham volume e se transformam numa nuvem espessa que nunca se dissipa, é preciso redobrar a atenção. "Os pensamentos ruins e negativos repetidos à exaustão podem criar uma espécie de obsessão e mexer com a neuroquímica do cérebro. Antes de algo acontecer, você já acha que tudo dará errado. E isso se repete sempre. Quando o pensamento negativo começa a direcionar sua vida, mudar seus hábitos, promover o isolamento, te trancar no quarto, pode ser que haja algo mais grave, como uma depressão significativa."

Criou-se, então, uma personagem. Uma moça de 19 anos que colecionava uma decepção afetiva depois da outra, num estado de tristeza bem mais que moderada, disposta a acabar com a própriavida, incapaz de vencer o marasmo e a infelicidade dos dias. Era tudo que os jornalistas investigativos precisavam para servir de "isca" aos curadores.

Não é de hoje que os integrantes do núcleo investigativo possuem vários perfis falsos nas redes sociais. Trata-se de uma necessidade do trabalho, quase uma exigência indispensável, uma ferramenta da qual se lança mão para obter informações que o jornalista não conseguiria caso se apresentasse com sua identidade verdadeira. Era hora de destacar um deles e encontrar uma pessoa que pudesse assumir esse perfil.

A produtora Júlia, na época trabalhando no setor de apuração de notícias, foi designada para a missão: jovem, bonita, loura, lindos olhos azuis e muita coragem para pouca idade – apenas 25 anos. A "estudante" entrou nas redes e, com o apoio de outros dois produtores, Diego Costa e Lumi Zúnica, conseguiu conversar com pessoas e integrantes de grupos restritos no Facebook. Depois de alguns dias, foi adicionada.

Por duas semanas, manteve contato direto, preservando um canal de conversas diárias e troca de mensagens. Até surgir o que mais se queria: um curador disposto a "auxiliá-la". O negócio começava a ficar sério. Era preciso um número de telefone para as conversas privadas pelo WhatsApp. Tudo já havia sido pensado e, dia e noite, o celular coringa se revezava nas mãos dos produtores para responder à bateria de perguntas do homem que se apresentou como "Calango".

"Você quer jogar?", pergunta.

"Sim. Muito", responde Júlia.

"Tem algum problema sentimental ou problema mental, tipo depressão, insônia, algum distúrbio?"

"Uma decepção atrás da outra", escreve um dos produtores. "É um dos motivos de estar aqui."

"Manda foto e vídeo pra eu ver o que você fez. Até sete da noite. Se fizer, vou ser seu curador e você minha baleia."

A resposta mostra ansiedade em "resolver" aquela situação, típica de quem dá ordens de longe e se autoatribui um poder que, na verdade, não existe. Segundo especialistas no assunto e a polícia, pessoas como Calango se mostram mais poderosas a distância. Autoritário e impiedoso na conversa com sua suposta vítima, Calango demonstra pressa em sua crueldade. Logo no primeiro dia de desafios, pede uma automutilação como condição para assumir a curadoria.

Uma equipe de maquiadores profissionais é escalada para integrar a operação sigilosa. A missão do grupo era simular cortes com perfeição, sem que Júlia tivesse um arranhão sequer. Tudo gravado por câmeras profissionais e de celulares. As profissionais eram para que o material tivesse qualidade técnica e fosse usado posteriormente na série de reportagem: "Suicídio – Alerta aos jovens". A dos celulares, para enviar para o curador, e de uma forma mais "despretensiosa e amadora" não chamar a atenção de Calango para o alto nível na captação das imagens. Tudo "casualmente perfeito".

Júlia foi aceita. Mas, mesmo com essa vitória, a história estava longe de ser desvendada. Do ponto de vista técnico, as manobras de atuação de jornalistas têm restrições, e era difícil descobrir a verdadeira identidade do mediador. Ele só tinha apresentado o nome falso e, para as conversas com as vítimas, que eram muitas, só usava um aplicativo instalado em um telefone pré-pago, sem cadastro nas companhias telefônicas.

A fim de ganhar tempo e confiança do curador, Júlia manteve a conversa por dias, sempre buscando obter informações e detalhes. Por que ele decidiu participar do jogo induzindo outras pessoas ao autoflagelo? São muitos curadores pelo país? Existe um grupo deles? Quem mais os procura? Muita gente chegou ao final? Enfim, sempre que tinha uma oportunidade, Júlia mandava uma pergunta disfarçada de curiosidade de quem está prestes a fazer algo impactante. Em pelo menos um momento, Calango se mostrou desconfiado com o excesso de questionamentos.

"Você é da polícia ou tem algum parente ou amigo da polícia?", questionou, irritado. "Você é minha baleia e tem que obedecer."

"Estou obedecendo. Fiz o que você me pediu. Todas as vezes", respondeu um dos produtores.

"Então, chega de perguntas. Só obedece", determinou ele.

Os produtores do núcleo se revezavam dia e noite em tarefas desgastantes e intermináveis. "Ouvimos músicas psicodélicas e tivemos que assistir a filmes de terror. No dia seguinte, ele bombardeava a suposta baleia com perguntas sobre o desafio proposto para checar se ela estava mesmo no jogo", explicou um dos produtores.

O cerco foi se fechando e ficando mais arriscado. Quase na metade do jogo, havia chegado a hora de a "baleia" enfrentar alguns de seus piores medos. Para "compensar" a falta de coragem para riscos irremediáveis, outras mutilações cenográficas foram usadas para acalmar um pouco o ímpeto insaciável de sangue e adrenalina do curador. Enquanto ele achava que ditava as regras, o núcleo de investigação é que movia "o desafio" como peças de um jogo de xadrez. Quando Júlia reclamava de dor por causa dos ferimentos, Calango não demonstrava nenhuma sensibilidade ou compaixão.

A partir desse momento, as preocupações aumentaram. O Baleia Azul, um jogo trilhado por caminhos clandestinos, existia mesmo, havia chegado com força ao Brasil e começava a fazer estragos. Nos mesmos modelos do surgido na Rússia, com as mesmas regras, mas agora sem ares de uma organização da morte. Ficou pior. Cópia malfeita e intensificada. Reunia de lados opostos de celulares e computadores vítimas e psicopatas, entre outros tipos de criminosos dispostos a fazer a ponte entre a vida e a morte. Os "meninos" tinham cumprido sua missão: provaram que a ameaça era real.

"O suicídio não é só uma herança genética, uma predisposição. É resultado de um processo complexo, a consequência de transtornos não tratados", explica Alexandrina Meleiro. "Quando tudo isso se junta à compulsão por meios digitais e jogos assim, o meio influencia muito. Esses jovens vão sendo preparados dia após dia, cumprindo etapas, não saem mais do quarto. Uma lavagem cerebral, cheia de coisas ruins no lugar de coisas boas e alegres. Quantas horas esse jovem gasta com isso? Ele vai se distanciando do mundo real, se isolando, ficando doente. Já estava deprimido e vai ficando ainda mais."

Passados 23 dias de conversas por WhatsApp e com parte dos desafios cumprida, a falsa baleia conseguiu marcar um encontro com o curador. Quase aos pés do Cristo Redentor.

Quando o núcleo de reportagens investigativas conseguiu "capturar" o caçador de "baleias", houve um pequeno debate sobre qual seria o perfil daquele homem, ou melhor, daquele indivíduo, uma vez que tudo que ele dizia, inclusive a idade e o sexo, poderia ser mentira. Ele se declarava jovem, morador do Rio de Janeiro, e com enorme prazer em acompanhar o sofrimento dos corpos mutilados e o extermínio de pessoas que buscaram seu auxílio.

Se pelo menos parte do que Calango dizia com tanta convicção fosse verdade, na avaliação dos especialistas, estava-se diante ou bem perto de um psicopata.

O perfil de um psicopata[4]

O primeiro médico a descrever a psicopatia foi o psiquiatra americano Hervey M. Cleckley, no Medical College da Geórgia. O conjunto de comportamentos e traços de personalidade foi relatado em 1941.

Apesar dos avanços no tratamento e no diagnóstico dos transtornos de humor e personalidade, um instrumento ainda hoje muito usado para a identificação do transtorno é o teste Psychopathy Checklist Revised (PCL-R), desenvolvido pelo psicólogo canadense Robert D.

---

4. LILIENFELD, Scott O. e ARKOWITZ, Hal. O que é um psicopata? *Scientific American Mente Cérebro*. Disponível em: <http://www2.uol.com.br/vivermente/artigos/o_que_e_um_psicopata_.html>. Acessado em 28 de novembro de 2017.

Hare, da Universidade da Colúmbia Britânica. O método, já com algumas variações, consiste em uma entrevista padronizada com o paciente e um levantamento do seu histórico pessoal, inclusive criminal. O PCL revela três grandes grupos de características:

- Deficiência de caráter, como a superioridade e a megalomania.
- Ausência de culpa e empatia.
- Comportamentos impulsivos e criminosos, incluindo promiscuidade sexual e furtos.

Os níveis de psicopatia são:

- **Leve**: pessoas frias, muito racionais e manipuladoras. Podem recorrer a mentiras insistentes e dissimulação. Do ponto de vista criminal, costumam ser presos de bom comportamento, envolvidos em roubos e crimes de estelionato. São os mais comuns e os mais difíceis de serem identificados.
- **Moderado**: possuem as mesmas características do portador de psicopatia de grau leve, porém demonstram condutas mais agressivas e violentas. Normalmente, do ponto de vista criminal, se envolvem em golpes mais audaciosos e corrupção.
- **Grave**: como todos os outros psicopatas, podem passar despercebidos e até encantar suas vítimas, mas são capazes de cometer crimes bárbaros, sem chance de defesa à vítima, com alto grau de crueldade e repetição de conduta. Não raro, os *serial killers* se encaixam nesse perfil. Traços de psicopatia podem se revelar desde a infância.

Estudos feitos dentro de presídios americanos mostram que cerca de 25% dos detentos de sexo masculino possui algum grau de psicopatia.

E os mesmos estudos comprovam a suspeita de que vários portadores desse transtorno transitam livremente pela sociedade, alguns, inclusive, ocupando lugar de destaque, seja na direção de empresas, seja na política ou nas artes de modo geral.

Em entrevistas e artigos, o psicólogo americano Randall T. Salekin, da Universidade do Alabama, ressalta um detalhe importante e que não pode passar despercebido: embora boa parte das pessoas com traços psicopáticos tenha manifestado certa violência, física ou sexual, em seus atos, nem todo psicopata é violento nem toda pessoa violenta é um psicopata.

Um exemplo dessa afirmação é o estudante Seung-Hui Cho, que, no dia 16 de abril de 2007, cometeu vários assassinatos na Universidade Virgínia Tech e depois se matou. A imprensa declarou que se tratava de um psicopata, mas uma investigação mais minuciosa com ex-colegas e estudantes da universidade deu conta de que Hui Cho nunca demonstrou comportamento egocêntrico ou megalomaníaco. Ao contrário, era um garoto tímido e retraído.

A psicopatia também costuma ser popularmente confundida com o transtorno de personalidade antissocial (TPAS),[5] embora do ponto de vista de características e diagnóstico médico haja poucas semelhanças entre os dois transtornos.

Não existe nenhuma comprovação científica sobre a influência de causas externas no surgimento da psicopatia, mas o que os especialistas já detectaram é que crianças vítimas de abusos sexuais frequentes e violência grave costumam manifestar um instinto de autopreservação exacerbado, podendo exibir ainda na infância características psicopáticas. Na vida adulta, com os sintomas arraigados, poucos psicopatas procuram ajuda médica por conta própria.

---

5. O transtorno de personalidade antissocial, ou sociopatia, é um transtorno de personalidade caracterizado pelo comportamento impulsivo do indivíduo afetado, desprezo por normas sociais e indiferença ou desrespeito pelos direitos e pelos sentimentos alheios. Afeta até 4% da população em geral. (Fonte: Diferenças entre o psicopata e o sociopata. *Psicolinews*. Disponível em: <http://www.psiconlinews.com/2015/09/diferencas-entre-o-psicopata-e-o-sociopata.html>. Acessado em 28 de novembro de 2017.)

Embora muito se diga que esse é um problema sem cura ou tratamento, pesquisas feitas na Universidade da Califórnia e em outros centros de estudos avançados do mundo demonstram que, na atualidade, os pacientes podem se beneficiar bastante de recursos psicoterápicos. Mesmo que o impulso continue intenso, latente como uma bomba à espera do momento certo para explodir, o encaminhamento adequado pode ajudar essas pessoas na vigilância e na contenção de atos criminosos ou ilícitos, que normalmente comprometem sua vida e a de vítimas indefesas.

Se Calango era mesmo um psicopata, a equipe da Record TV estava prestes a descobrir.

4

ENCONTRO COM O PSICOPATA[1]

Não havia dúvida sobre o figurino a usar naquela tarde. Júlia precisava de uma aparência jovial, que combinasse com a personagem que estava encarnando: camisa branca, calça preta, tênis. Para completar o "disfarce" adolescente, uma parca esverdeada com estampa de camuflagem, ao estilo militar. Era mesmo um uniforme de guerra.

Júlia parecia segura, mas a jovem bem-resolvida, que gosta de MPB e conseguiu o primeiro emprego em TV logo que saiu da faculdade, o que é raro, estava nervosa. A personagem havia se apossado dela durante a noite anterior. Tinha dormido mal. Sabia o tamanho da responsabilidade e, antes de se dirigir ao hotel onde ocorreria o encontro, sentiu um bolo áspero de insegurança descer seco e indigesto pela garganta até se alojar na boca do estômago, roubando um pouco do ar.

---

1. Colaboraram na produção deste capítulo para a série do *Jornal da Record/* Record TV, Álvaro Saraiva, André Caramante, Diego Costa, Júlia Rezende e Lumi Zúnica.

Apesar da sensação ruim, ela sabia que não era o momento de desistir. Já era uma vitória ter convencido o curador que afirmava ter conduzido mais de uma dezena de jovens ao suicídio a sair da rotina e a se expor. Aquele encontro fora da proteção virtual era um risco para a jornalista, mas também o era para o suposto psicopata que atendia pelo nome de Calango. Só que ele não fazia ideia de quanto estava se expondo. A conversa de verdade, frente a frente, era uma emboscada para o ladrão de vidas.

Calango é uma espécie de lagarto pequeno, de no máximo 30 centímetros de comprimento. Comum no sertão, costuma viver em lugares ermos. Mantém-se perto da toca, onde se esconde rapidamente quando ameaçado e para onde costuma arrastar suas presas, normalmente insetos.

O lagarto humano, por sua vez, estava cometendo um erro. Talvez atraído pela beleza e sagacidade de sua suposta presa, estava a um passo de abandonar a segurança da toca. Mas a equipe tinha dúvidas se ele havia mordido a isca. A incerteza deixava a todos preocupados. Será que ele realmente apareceria? O cenário já estava montado. O produtor Lumi Zúnica, hábil com equipamentos diferenciados, microcâmeras, fios de toda natureza, conversores e microfones para captar até mesmo conversas clandestinas com criminosos ligados a quadrilhas e facções do crime organizado, já tinha checado detalhe por detalhe. A equipe partiu rumo ao local marcado.

A emboscada

Você deve estar pensando: o suposto curador do Baleia Azul havia declarado em suas mensagens os crimes que cometera. Teria estimulado mutilações e mortes em pelo menos dez jovens. Então, não era só comunicar a polícia? Se Calango aparecesse, prisão em flagrante. No mínimo, para averiguação. Mas não é assim que funciona.

Induzir pessoas ao suicídio é crime. Mas ali não havia vítima. A personagem depressiva encenada por Júlia não existia. Era um fantasma virtual, um perfil e um ser totalmente falsos. Portanto, não havia crime. A equipe de jornalistas é que havia induzido Calango a caçar sua presa. Se houvesse flagrante, seria forjado.

O núcleo de investigação sabia de todos esses detalhes, e a polícia foi informada. Policiais de delegacias especializadas acompanhavam as manobras da equipe de reportagem. Quase todos os passos. Mas no dia do encontro com o suposto psicopata não haveria policiais por perto. A responsabilidade aumentara. A Record escalou segurança privada, que ficaria alerta, mas camuflada, misturada às pessoas comuns – incluindo turistas –, que circulariam pelo local. A ordem expressa era: ao primeiro sinal de perigo, recuar, abortar a operação.

Com 20 anos de experiência em jornalismo investigativo, o peruano Lumi Zúnica, um dos pioneiros no uso de microcâmeras no Brasil, foi escalado para coordenar o trabalho. Viajou ao Rio de Janeiro quase uma semana antes do encontro.

Lumi nunca fica hospedado no mesmo local do flagrante. Mesmo assim, fez uma reserva no hotel e passou várias horas perambulando por lá, estudando a rotina, frequentando o restaurante onde ocorreria o encontro e filmando o ambiente de vários ângulos para saber, com precisão, em que pontos as microcâmeras deveriam ser posicionadas. Sentou-se em várias mesas para conferir quais eram os melhores ângulos de gravação. "Eu precisava de um lugar com boa luz e o menor ruído possível, para que não interferisse no áudio. Precisava colocar Júlia em um ponto com pouco trânsito de pessoas, para não correr o risco de as câmeras perderem parte da visibilidade para a gravação. Tudo isso sem que ninguém do restaurante percebesse", conta Lumi.

Também pesquisou as melhores posições para uma rota de fuga, de forma a contar com o apoio do segurança particular, caso um imprevisto acontecesse.

Das microcâmeras vem quase tudo o que uma emissora de televisão consegue no jornalismo investigativo. Sem elas, não haveria como executar reportagens de denúncia, mostrar golpes, atuação de quadrilhas e corrupção. Em 2007, o próprio Lumi se infiltrou numa máfia nigeriana que atuava em São Paulo. Por quase três meses, morou num hotel decadente, mais parecido com uma pensão prestes a desabar, na rua Guaianazes, no centro da capital paulista, onde desvendou o mistério de uma central internacional clandestina de telefonia a serviço do tráfico internacional de drogas.

O quartel-general do crime organizado funcionava numa sala de paredes falsas dentro do prédio antigo do hotel de cômodos espaçosos. A operação ficou conhecida como "Conexão Nigéria", uma das maiores do país na repressão ao tráfico de drogas, e terminou com a prisão de 140 pessoas, que lotaram três ônibus. Na época, um dos promotores responsáveis pela investigação chegou a declarar que o golpe contra os traficantes de alta patente foi tão severo que deveria inflacionar o preço da droga vendida no país por vários meses seguidos. Tudo graças à coragem, experiência e audácia de profissionais competentes e à versatilidade e discrição das microcâmeras.

Mas tudo tem seu preço. E essas câmeras podem ser traiçoeiras, mesmo em mãos habilidosas. Já fizeram profissionais perderem meses de tocaia e investigação, já foram descobertas e levaram à morte profissionais de imenso talento, como o jornalista Tim Lopes, torturado e assassinado em junho de 2002 enquanto fazia uma reportagem sobre abuso de menores e tráfico de drogas em bailes funk do Rio de Janeiro.

No caso do curador do Baleia Azul, por conta do lugar escolhido – uma área pública –, os riscos técnicos pareciam maiores e mais assustadores do que o perigo de a operação ser descoberta. "Todas as microcâmeras, por mais modernas que sejam, têm um tempo de confiabilidade. As baterias têm autonomia para cerca de duas horas, mas depois de apenas 30 minutos o risco de falhar aumenta e depois de 45 se acende o sinal de alerta", explica Lumi.

O encontro estava marcado para as 5 horas da tarde. Júlia estava devidamente equipada com quatro microcâmeras especiais, do mesmo tipo usado por serviços secretos, espalhadas pela roupa e pelo corpo. Permanecia aparentemente tranquila, falava manso e baixo, parecia ter domínio da situação com os microfones ocultos na roupa ligados.

Chegou mais cedo ao restaurante, sentou-se no local combinado e esperou. O "convidado" não chegava, e um clima de tensão tomou conta da equipe. Será que ele havia desconfiado de algo e desistido? Será que todo aquele trabalho de quase dois meses seria perdido? Em uma hora, os clientes e hóspedes começariam a chegar para o jantar. Com a orquestra estridente de talheres, o vaivém de pessoas famintas e o toque-toque oco das garrafas no gelo, tudo estaria perdido.

Mais de 40 minutos se passaram, e a tecnologia já saía da zona de segurança quando ele apareceu. Calango era alto, usava jeans e moletom, um gorro azul e chinelo. Vestia-se e portava-se como qualquer um de sua idade. À primeira vista, não levantava suspeita. Os dois se cumprimentaram brevemente, sem intimidade.

Ele falava baixo, e, ao se sentar, talvez por conta do nervosismo, Júlia desativou sem querer dois dos três microfones das microcâmeras e se esqueceu de acionar o celular, que também fazia parte do esquema de comunicação. Lumi gelou do outro lado do restaurante, onde mantinha mais uma câmera. Ele não conseguia mais ouvir o que eles diziam. O produtor Diego Costa, em outra extremidade do restaurante, operava mais uma câmera, recém-ativada. À equipe só restava torcer para que a tecnologia funcionasse dentro do previsto.

A conversa durou cerca de 45 minutos. Calango é, na vida real, auxiliar de pedreiro, morador de Nova Iguaçu, uma das cidades mais populosas da região metropolitana do Rio de Janeiro, com cerca de 800 mil habitantes. Na época, estava com 23 anos. Sempre frio, sem demonstrar nenhum tipo de emoção, passou parte do tempo falando sobre o perfil das vítimas que induz ao suicídio.

"Esse jogo mexe muito com o psicológico das pessoas. Principalmente pessoas que têm problema de cabeça e depressivas", revela.

A produtora tenta descobrir se tem gente mais jovem participando do jogo:

"E o pessoal que entra [no jogo] tem mais ou menos quantos anos?"

"Geralmente na faixa de 12 a 17. São pessoas que estão começando a saber o que é a vida agora e falam: 'Ah... Eu estou sofrendo, sou depressivo'."

"E aí você vai passando os desafios?"

"Sim", responde secamente. "Sei que o que a gente faz não é certo. Então, foi uma coisa que eu preferi deixar de lado", responde Calango, de forma contraditória, já que vinha tentando induzir Júlia, mais uma suposta vítima.

A produtora finge ter interesse sobre a dinâmica do jogo e pergunta por que exigir o cumprimento de tarefas durante a madrugada.

"Às 4h20 da manhã a pessoa tem que acordar e fazer os desafios, coisa e tal. E tem que ficar até tantas horas assistindo a filmes de terror, filmes macabros, essas coisas. Aí a pessoa vai ficando ainda mais maluca das ideias. Não consegue dormir direito, fica tendo pesadelo, tem ataque de pânico", gaba-se.

"Alguém já terminou o jogo?"

"Acho que uns dois chegaram a terminar", diz ele. Então seu desempenho estava superestimado. Ele não havia conduzido dez pessoas à morte.

"Por que você quer fazer isso?"

"Eu quis ser [curador] porque sou muito revoltado. Eu gosto. Eu sinto, como é que se fala? Eu gosto de ver pessoas sofrendo. Eu gosto assim... de coisas macabras, ocultas, coisas assim. Mas também sei dar conselhos decentes para as pessoas", ironiza.

"Você curte ver fotos dos cortes, essas coisas?"

"É muito maneiro, cara!"

Júlia estava tensa. Não só pelo que acabara de ouvir, mas também pela gravação em curso. Será que tudo que ele dizia era verdade? Será que o áudio havia sido captado com clareza? Ela revelou depois que, naquele momento, um pensamento insistente e enjoativo rondou suas ideias. Um filme de terror passou veloz por sua cabeça. Não teve dúvida: estava diante de um forte candidato a psicopata.

Em alguns momentos, para se gabar, Calango parecia mentir, exagerando no relato. Devaneava ao descrever supostas ações corajosas. Orgulhava-se ao dizer que a polícia chegou a suspeitar dele, ir à casa de sua família e adverti-lo sobre o perigo do que fazia – o que não foi confirmado pela polícia. "Eu disse para eles: 'As pessoas se matam porque elas querem. Eu não obrigo ninguém a fazer isso. Eu explico tudo direitinho e a pessoa faz se ela quiser. Se mil pessoas me procurarem, vou fazer a mesma coisa. Aconselho a não jogar, mas, se quiserem jogar, vão jogar'."

Pura bravata. Se realmente tivesse feito isso, Calango estaria completamente equivocado sobre sua inocência. Mesmo a distância, mesmo sem agir diretamente, induzir alguém ao suicídio também é crime.

"Você queria que eu tivesse terminado o jogo?", questiona a produtora, no momento em que os talheres do jantar já começavam a tilintar insistentes, atrapalhando o áudio. A resposta é um longo muxoxo.

"Unhummmm..."

"Queria?", insiste.

"Sim", responde ele, balançando a cabeça. E, pela primeira vez, Calango sorri.

Ao contrário do que a equipe esperava, o rapaz não tentou nenhum galanteio, nenhum jogo de sedução. Saiu do restaurante rastejando silenciosamente, deixando Júlia perplexa com suas revelações.

Dois minutos depois que ele se levantou e deixou o restaurante, todos os aparelhos deixaram de funcionar quase ao mesmo tempo – as baterias das microcâmeras acabaram, as luzes internas das maletas e mochilas se apagaram –, numa falência múltipla de energia. Como se os equipamentos estivessem exaustos diante do conteúdo registrado. Mas teriam mesmo registrado? Ainda era preciso checar.

Já era madrugada quando a equipe, instalada em outro hotel, conferiu o material e respirou aliviada. Estava tudo lá, nos mínimos detalhes. Os ruídos de imagem e som existiam, mas não comprometeram o trabalho. Mesmo com dois microfones a menos, a operação foi um sucesso. Lumi tranquilizou os colegas de equipe e só então avisou a direção da empresa.

A reportagem foi fechada pelo experiente Luiz Carlos Azenha para o *Jornal da Record*. O delegado José Mariano de Araújo Filho, da área especializada em crimes cibernéticos do Departamento Estadual de Investigações Criminais (Deic) em São Paulo, ao assistir ao material bruto da entrevista com Calango, não teve dúvida: "Em mais de 30 anos de carreira na polícia, tinha conhecido apenas um psicopata. Este é segundo", afirmou. "Esse tipo encontra na internet o terreno ideal para uma infinidade de crimes, tem presas fáceis. Pessoas fragilizadas por algum motivo ganham um X nas costas. Uma marca de vulnerabilidade, e isso é péssimo. Em todos os aspectos. Nós percebemos claramente que ele nem está caçando mais. Está sendo procurado pelas vítimas, pela caça."

O predador preso

A reportagem levou a polícia a agir. Era ainda madrugada, por volta das 3 horas da manhã do dia 18 de julho de 2017, quando o grupo de elite da polícia repassou os últimos detalhes da operação. Policiais munidos de fuzis e metralhadoras embarcaram nas viaturas e deixaram a sede do Palácio da Polícia, no Rio de Janeiro, em direção a uma comunidade localizada entre vários morros de Nova Iguaçu, na Baixada Fluminense.

A operação para prender os caçadores de baleias estava ocorrendo ao mesmo tempo em nove estados brasileiros: Amazonas, Minas

Gerais, Pará, Paraíba, Rio de Janeiro, Rio Grande do Sul, Santa Catarina, São Paulo e Sergipe. No Rio, havia um mandado de prisão contra Matheus da Silva, o Calango. Lumi acompanharia a prisão, mas, na última hora, por questão de segurança, o jornalista foi impedido de seguir com os policiais.

O dia começava a clarear quando as viaturas pararam em frente à casa de Matheus, que ainda dormia. A família se mostrou surpresa com a chegada de policiais tão fortemente armados. Por que prender um rapaz trabalhador que não dava sinais de rebeldia ou violência? A dúvida dos familiares não durou muito. De bermuda, ainda no quarto, o rapaz nem tentou se eximir da culpa. Uma cortina de flores em preto e branco serviu como pano de fundo para a primeira confissão, ainda informal.

"Eu fui um dos curadores mais conhecidos aqui do Rio de Janeiro", disse Matheus a um dos policiais que filmavam a ação, demonstrando consciência do crime.

"Você ainda tem fotos dessas pessoas?", perguntou o policial.

"Não. Eu apaguei."

"Onde estavam essas fotos?"

"No celular que foi apreendido. De certa forma, eu sabia que o que estava fazendo era errado. Eu sabia."

Matheus foi encaminhado à delegacia. O mandado expedido pela Justiça pedia sua prisão temporária por 30 dias. No distrito policial, interrogado formalmente, ele tentou minimizar o crime quando perguntado sobre a possibilidade de ter sido o curador de 40 jovens.

"Eu não tenho tudo isso de vítima."

"Eu tenho por escrito você falando que fez 40 vítimas", contesta a delegada.

"Eu tinha menos. Cheguei no máximo a 30. Mesmo assim nem todas conseguiram completar", retruca Matheus, sem demonstrar remorso ou arrependimento. O máximo que esboça é uma preocupação com seu futuro na cadeia.

Só no Rio de Janeiro, a polícia identificou 15 vítimas do Baleia Azul, todas menores de idade. Até a conclusão deste livro, pelo menos dez curadores, incluindo Matheus, tinham sido localizados. Todos eram maiores de idade. Os curadores foram indiciados por ameaça, lesão corporal grave, associação criminosa e homicídio tentado – quando o crime não ocorre por razões alheias à vontade de quem planejou cometer o assassinato ou induzir a morte de alguém.

A delegada Fernanda Fernandez, uma das responsáveis pela investigação, contou ao repórter Luiz Carlos Azenha que as vítimas estavam muito debilitadas, muito vulneráveis, e que escondiam esse sofrimento dos amigos e dos pais. A delegada também se surpreendeu com a quantidade e a gravidade das mutilações impostas aos jovens envolvidos no jogo. "Ele era sempre muito cruel ao pedir as mutilações das vítimas. Pedia fotos, filmagens e até desdenhava da pessoa."

Calango teve prisão preventiva decretada e passou apenas 60 dias na cadeia, como prevê a lei. Foi liberado por falta de provas. Segundo a delegada, a polícia precisava de mais evidências e provas que não foram liberadas pela rede social em que o suspeito atuava, o Facebook.

Uma declaração da delegada alertou para outro crime. Muitos curadores pediam fotos íntimas das suas presas, revelando uma rede de pedofilia camuflada no jogo da morte. Antes de acabar com a própria vida, muitos desses jovens vulneráveis se cortavam e se expunham. Tudo sem sair do quarto, enquanto os pais dormiam ou assistiam TV, ignorando o poder invisível de uma rede perigosa.

Em todos os nove estados incluídos na operação, a polícia encontrou muito material suspeito. Celulares e computadores foram apreendidos. Os curadores serão confrontados com depoimentos de dezenas de vítimas, imagens e fotos que receberam em seus aparelhos.

Em São Gabriel, no Rio Grande do Sul, os policiais prenderam um adolescente de 15 anos. Além de mensagens em redes sociais que comprovariam sua participação como curador, havia em sua casa material com indícios de pedofilia.

Em Ipeúna, no interior de São Paulo, um casal foi preso: Rodrigo, de 23 anos, e Letícia, de 21. Eram responsáveis por uma página na internet com mais de 9 mil integrantes cujo tema principal era o suicídio. A página servia como ponto de encontro de jovens inseguros, curiosos ou portadores de transtornos. Muitos dispostos a participar do Baleia Azul. Rodrigo havia saído de Sergipe e se refugiado no interior paulista depois de se tornar suspeito numa investigação sobre pedofilia. Ele mantinha na internet um perfil com imagens íntimas de adolescentes. Segundo a polícia, o casal tinha ligação com o auxiliar de pedreiro Matheus. "A gente percebeu que eles estavam envolvidos com pedofilia", declarou a delegada Fernanda Fernandez. "Não só porque pediam informações e fotos, mas também por causa do tipo de diálogo com as vítimas e outros indícios."

5

O MODERNO FLAUTISTA DE HAMELIN E A BALEIA CIBERNÉTICA[1]

Quando eu era criança, por volta dos 8 anos de idade, sempre voltava da escola para casa com meu irmão menor, o Endim. Ainda hoje, mesmo com um 1,90 de altura, esse continua sendo o apelido dele. Um diminutivo carinhoso, bem à moda goiana: Wendell, que virou Wendinho e acaba soando Endim. O sol estava a pino e a ladeira era imensa. Além da grande mochila que me puxava para trás, eu ainda tinha que empurrar o meu irmão para a frente. No meio do caminho, ele sempre empacava. Numa dessas paradas estratégicas para resgatar o fôlego perdido, vi numa lixeira de uma das belas casas da rua uma caixa de papelão repleta de livros infantis. Eram muitos. E bem conservados, tirando um rasgo aqui, um rabisco ali.

Meus olhos brilharam enquanto meu irmão praguejava, em tom quase ameaçador: "A mamãe vai brigar com você por ficar mexendo

---
1. Colaborou na produção deste capítulo, Rafael Trindade.

na lata do lixo". "Livro não é lixo, Endim", encerrei a conversa, com a montanha de exemplares nos braços.

Entre os tesouros encontrados no lixo da casa elegante, de portões altos e silenciosa, sempre fechada, um exemplar chamava a atenção. Tinha uma capa grossa, envolta num tipo de papel brilhante. Era diferente dos outros. Dentro, guardava uma história dos irmãos Grimm, um intrigante conto folclórico que me deixava perplexa e assustada. Mesmo depois de ler várias vezes.

A história se passava em um bucólico povoado da Alemanha, em 1284. A pacata e enigmática Hamelin. Lá a vida seguia tranquila, como as suaves águas do rio caudaloso que corria ao lado das muralhas da cidade medieval.

Mas, num belo dia, algo inusitado ocorreu. Um rato, dos grandes, foi visto correndo pelas ruelas em plena luz do dia, fora das asas protetoras da escuridão. Depois, outro mais. Mais cinco. Outros dez. Cem. E logo a cidade toda estava tomada por grandes ratazanas velozes e nojentas. As crianças gritavam, corriam de um lado para o outro. As mulheres se empoleiravam em móveis. Os homens ficaram loucos com tanta algazarra e confusão.

Fizeram de tudo para tentar banir os ratos, um a um ou aos bandos, para fora das muralhas de Hamelin, mas nada se mostrava eficaz. Pelo contrário. Os animais se multiplicavam rápido demais; como uma praga demoníaca, devoravam e destruíam tudo que encontravam pela frente, espalhavam doenças. Entravam nos potes d'água, se infiltravam nas camas de palha, se enfiavam nas panelas. Mas, num desses dias de desespero, dizia o conto fantástico, apareceu um mágico, um "encantador de ratos". Um homem franzino e alto, com uma roupa diferente, balançando sua capa vermelha desbotada.

O mais impressionante, além da aparência do forasteiro, era que ele prometia afastar de vez os ratos. Como pagamento, pedia apenas algumas moedas de ouro. Nada mais. Os poderosos homens da cidade estufaram o peito e disseram:

"Pagamos o dobro! Mas, antes, acabe com os ratos."

O caçador de ratos não matou os bichos nem correu atrás deles. Apenas sacou da sua bolsa de couro surrada uma bela flauta e começou a tocar. À medida que o som doce do instrumento tomava conta de Hamelin, o flautista foi andando devagar rumo à saída da cidade, e os ratos, todos eles, e em fila, o seguiram, diante da multidão estarrecida.

A perplexidade foi ainda maior quando o flautista seguiu pulando com sua flauta pelas pedras do rio Weser, e os ratos foram sumindo pelo caminho, no meio da água. Os animais desapareceram diante de olhares incrédulos. O flautista se foi, sem olhar para trás.

Na semana seguinte, como combinado, o flautista voltou para buscar suas moedas de ouro. Mas os poderosos donos de Hamelin, em vez de pagar o encantador de ratos, zombaram dele e o expulsaram da cidade aos berros, atirando tomates contra ele. E riram, riram muito. Não sabiam como aquele pobre e tolo homem, talvez um louco, conseguira aquela façanha, mas jamais ganharia uma moeda de ouro por isso. "Achou mesmo que daríamos nosso ouro para um enganador qualquer?", zombava a multidão às gargalhadas.

E, como os ratos, o homem também foi banido das muralhas de Hamelin.

Algumas semanas depois, enquanto homens e mulheres permaneciam entretidos com suas tarefas, o flautista voltou e tocou uma música diferente, que só as crianças podiam ouvir. Inebriados pela melodia hipnótica, centenas de meninos e meninas, como pequenos soldados, foram atraídos para perto daquele homem magricela e esguio. Lentamente, o flautista seguiu para fora das muralhas da cidade, e todas as crianças, sorridentes e de mãos dadas, o seguiram numa grande corrente.

Nunca mais os filhos de Hamelin foram vistos. Enclausurados pela avareza, pela própria ganância e pela desconfiança, os habitantes da cidade foram entregues a uma tristeza profunda, uma depressão aguda, coletiva e melancólica. Foi um custo alto demais pelo descumprimento de um acordo barato. E a população perdeu assim, para sempre, a alegria e a companhia de suas crianças e jovens.

Oito séculos separam a ambientação folclórica dos irmãos Grimm de um dos episódios mais impactantes dos tempos cibernéticos: o Baleia Azul. Mas, na minha opinião, o flautista e os curadores do jogo têm lá suas semelhanças. Ousaria dizer que não são poucas. Cada um a seu tempo, a seu modo, encanta, fascina, seduz, num torpor inebriante e hipnótico, meninos e meninas, jovens que buscam uma identidade, um mentor, um alívio para seus conflitos pessoais, suas mudanças físicas e psicológicas, seus dramas existenciais. Flautistas, curadores, encantadores de ratos guiam de forma fantasiosa e até assustadora gerações de indefesos para um portal nada mágico. Meninos que se vão de vez só porque queriam estar em outro lugar mais divertido. Estamos longe da era medieval, mas ainda é possível ouvir, em tempos tão digitais, a melodia doce do flautista de Hamelin.

A menina e o lago

Quando passa madrugadas em claro, como ainda fazia cinco meses depois do pior momento de sua vida, Antônia Carlos da Silva, mulher batalhadora nascida no interior do Piauí, também ouve os sons mais tenebrosos que alguém pode escutar: o sussurro insistente da ausência, o murmúrio do silêncio. O que para mim remete à melodia inebriante do flautista mágico do conto medieval, para aquela mulher é o que resta do canto ensurdecedor da baleia. Um dos monstros cibernéticos dos dias atuais. É uma dor imersa no transe de uma gigantesca orquestra de indagações e sofrimento. Ela, que desde 2002 vive com a família em Vila Rica, no interior do Mato Grosso, a 1.276 quilômetros de Cuiabá, perdeu um pedaço de si mesma, de maneira trágica, na madrugada de 11 de abril de 2017.

Depois de um dia de trabalho, Antônia se encostava mais uma vez no fogão, rodeada pelos filhos. Era ali que driblava as contas do mês, botava a conversa em dia, ouvia um caso aqui, outro ali, as lamúrias e as conquistas da meninada. As demandas da infância e da adolescência vinham sempre filtradas por um estilo de vida familiar já calejado pela labuta, pelas dificuldades. A vida ali era simples, sem luxo, mas Antônia e o marido, Raimundo Ferreira, se orgulhavam de serem unidos, eles e os quatro filhos.

Raimundo ganha a vida trabalhando como "chapa", ajudante de caminhoneiro, profissional conhecido por carregar peso e por "guiar" o serviço de transporte por regiões que o motorista de caminhão não conhece muito bem. Antônia é doméstica. E juntos não poupam esforços para manter os pequenos na escola e encaminhar os mais velhos para a faculdade ou pelo menos para um trabalho não tão pesado.

Enquanto a noite e a conversa avançavam, a comida favorita dos filhos ficava pronta. Era dia de maria isabel, prato típico do Centro-Oeste. Uma mistura de arroz com carne que se deixa queimar nas bordas e na parte de baixo da panela – e que dá origem à expressão "a raspa do tacho", a parte mais gostosa de uma comida assim.

Um ano antes, no aniversário de 15 anos da filha Maria de Fátima, a quarta do clã dos Silva, a mãe economizou um pouco para fazer um agrado à filha. A debutante não teve uma festa de arromba, mas ganhou de presente seu primeiro celular – e não desgrudou mais dele. Quando não estava na escola, Maria de Fátima, como é comum nessa idade, ouvia música, fazia trabalhos do colégio, ficava navegando nas redes sociais. "Antes eu dava mesmo era as coisas da escola. A gente sempre foi humilde, mas nunca economizei no material. Quando ia começar o ano, eu levava todo mundo na papelaria. Aí eles aproveitavam, era uma festa. Os meninos escolhiam lápis de cor, a capa do caderno, agendas, um monte de canetinhas. Era meu orgulho. Comprar as coisas da escola. Mas ela precisava mesmo de um celular, todo mundo tinha. Não achava que ela exagerava não, era muito ocupada, não ficava o dia inteiro usando", conta a mãe.

Maria de Fátima queria ser professora. Estudava de manhã numa das escolas estaduais da cidade, onde cursava o segundo ano do ensino médio. À tarde, trabalhava como babá. A mãe conta que nunca percebeu mudanças bruscas no comportamento da filha, mas reconhece que havia alguns meses ela passava mais tempo no celular.

A irmã Paula, então com 18 anos, com quem Maria de Fátima dividia o quarto, achou que o apego ao aparelho fosse mania de adolescente – mesmo quando Maria passava a noite toda grudada a ele. Paula se lembra de, quando se levantou para desligar o ventilador, ver Maria de Fátima ainda acordada por volta das 3 horas da manhã. Meia hora depois, acordou novamente com a vibração de uma mensagem, e já não viu mais a irmã. O celular estava sobre a cama. Por algum motivo, bateu um desespero, e Paula levantou de repente. Como se pressentisse que algo errado tinha acontecido.

"Quando a Paula me acordou, levei um susto", conta a mãe. "Ela disse que a irmã não estava no quarto, e eu senti uma dor imensa no peito, uma coisa ruim. Naquele momento eu não tive dúvida de que uma coisa terrível tinha acontecido com a Maria, que a minha filha estava morta. Eu me desesperei. Saí pela rua como uma louca procurando, chamando por ela."

A família se manteve unida nas buscas. Pais e filhos cruzaram a pequena Vila Rica de uma ponta à outra em uma caçada insana por ruas escuras e desertas, sem nenhuma pista. Quando o dia amanheceu, Antônia já não se aguentava mais em pé. Mesmo assim, foi à delegacia. "Me disseram que é comum crianças e adolescentes desaparecerem, que eles costumam ir para uma festa, uma balada, mas depois voltam", lembra-se a mãe.

Não conformada com a possibilidade, Antônia prosseguiu na procura incessante; foi também à sede do Conselho Tutelar para saber o que poderia ser feito. Assim que a escola abriu, lá estava a mãe plantada no portão em busca de notícias. Tudo em vão. Ninguém sabia de nada. O dia estava apenas começando para todos, menos para a família Silva.

A menina faltara à aula, o que não era comum. Algumas pessoas apontaram um garoto de 16 anos, ali mesmo na escola, como possível namoradinho da estudante. A mãe foi até ele pedir ajuda – e as coisas começaram a se esclarecer.

Numa conversa reveladora e penosa, Antônia começou a descobrir outro lado até então desconhecido de sua Maria de Fátima. Sentimentos não percebidos. Um choque.

O garoto disse à mãe da estudante que, como outros colegas da escola, eles queriam se matar. Estavam participando de um jogo de desafios. Desafio? Se matar? O que era tudo aquilo? Aquela não era sua filha amorosa, estudiosa, empenhada em ser professora, em ter um futuro. Tudo aquilo era uma loucura em um drama intenso, único, sem pausas ou capítulos. Era o fim de uma só vez. As declarações do menino pareciam ecoar na cabeça daquela mãe aflita, como se fossem um sonho, uma memória distante de um pesadelo abominável. Mas era verdade.

"Combinamos de eu me matar atropelado. E ela, afogada, mas só quando a gente fosse um pouco mais velho, aos 18 anos", despistou o garoto diante de uma mãe perplexa. Bastava. O mesmo sentimento que devastara Antônia na madrugada ao ser acordada por Paula voltou, de forma ainda mais aguda e intolerável. Ela pegou o telefone e chamou o marido aos prantos. "Raimundo, procura pela Maria de Fátima na lagoa."

Referia-se a uma represa que fica perto da casa da família, a apenas dois minutos a pé, no bairro de Inconfidentes, região central de Vila Rica. Era o mesmo caminho que a menina fazia para ir à escola e, em seguida, para o trabalho. Pouco tempo depois, Raimundo telefonou de volta. Havia encontrado o par de chinelos da filha. Mesmo que o corpo inteiro, a alma e a mente já tivessem a certeza do fim, de que aquele tinha sido um mergulho sem volta, foi terrível quando o pior se concretizou.

"Por que tinha que ser assim, Maria?" é a pergunta que a mãe repete como um mantra a todo instante do dia, como se fosse possível encontrar alguma resposta capaz de aplacar aquela onda gigante que engole o sono todas as noites, que devora a vontade de comer e consome o entusiasmo de seguir adiante. Por causa dos outros filhos, Antônia procura se entreter no serviço, nas panelas. Mas pensamento triste é insistente e cruel.

"No dia, eu ficava rodeando a represa, queria que alguém encontrasse minha filha lá dentro. Mas ninguém podia me ajudar. Foi uma aflição. O Corpo de Bombeiros foi chamado para fazer as buscas, mas precisava vir de Nova Xavantina. Só chegaria no dia seguinte. Me ajoelhei naquele chão, na beira daquele lago, rezei e perguntei: 'Por que isso, Maria?'. Então, meu patrão, João Ricardo, se comoveu com toda aquela situação e resolveu que precisava fazer alguma coisa, me ajudar. Levou a canoa dele para o lago, juntou outros três amigos e começaram a procurar. Levaram redes e remos. Por volta da 1h30 da tarde, acharam a minha Maria. Ela parecia um anjo. Foi a coisa mais triste que passei e vou passar na vida."

Cinco dias antes de deixar o celular bloqueado na cama, Maria de Fátima havia postado uma foto com a legenda: "A última foto". Ao lado, um *emoji* triste, chorando. Quem viu não percebeu ali nenhum indício ou sinal de perigo real, só um desabafo cibernético, um devaneio em rede social. Poderia ser um blefe juvenil, uma chantagem, uma forma de chamar a atenção dos amigos ou "um nada", como "a última foto de hoje, ok?". Mas não foi. A foto com olhos assustados, a manga do moletom preto largo escondendo parte do rosto angelical, teve 30 curtidas. E foi mesmo a última.

As mudanças sutis engolidas por um mundo veloz

Na Escola Estadual Maria Esther Peres, onde Maria de Fátima cursava o segundo ano do ensino médio, educadores mais atentos e próximos à estudante, como a professora Monica Strege Médici, perceberam uma mudança sutil no comportamento da menina no início de

2017. Até então, era uma aluna exemplar, com notas altas, sempre envolvida com as propostas da escola e com o conteúdo aplicado. "Sem dúvida, era uma das melhores alunas da turma, nunca tirou menos que 8. Adorava as disciplinas e sempre fazia as tarefas", disse a professora na época.

Mas a menina aplicada e extrovertida, segundo colegas de turma que não quiseram se identificar, começou a ficar mais quieta, não queria sair da sala no intervalo, andava melancólica e passava parte do tempo com o celular nas mãos. Para uma colega de 16 anos, Maria de Fátima chegou a dizer que não via mais "sentido na vida". Ninguém levou isso muito a sério. Seria apenas uma crise passageira. Não foi. A morte trágica da menina de sorriso doce surpreendeu e abalou não só a escola, mas a cidade de Vila Rica. Moradores incrédulos e curiosos acompanharam as buscas na represa.

Quando foi comprovada a morte e a possível ligação com o jogo Baleia Azul, a cidade ganhou atenção de todo o país e até da imprensa internacional. Vila Rica entrava no mapa com um fato histórico: a primeira morte real no Brasil conduzida pelo jogo mortal de desafios. A polícia entrou imediatamente no caso. Depois do turbilhão, a trama macabra foi sendo desenrolada aos poucos, com o rigor que as apurações sérias exigem.

Assim que o inquérito foi aberto, a polícia ouviu mais de vinte testemunhas, entre colegas da escola, professores e parentes. Em depoimento, familiares e a patroa da garota, uma psicóloga da cidade, não relataram nenhuma mudança significativa em seu comportamento. O mais grave foi revelado a conta-gotas, em relatos que escapuliram, meio confidenciados. Outros alunos da escola já andavam flertando com a morte.

Além de Maria de Fátima, pelo menos outros dez adolescentes do colégio estavam jogando simultaneamente o mesmo jogo pela internet. E, em Vila Rica, outros dez alunos de outros colégios também se alistaram para a morte induzida, de acordo com o delegado responsável pelo caso, Gutemberg Lucena. Só que Maria de Fátima foi a primeira e a única da escola, da cidade inteira, a chegar ao final.

Ao mesmo tempo que a investigação avançava, as autoridades locais decidiram que era preciso intervir rápido, se unir à Polícia Militar numa força-tarefa, realizar palestras, alertar os jovens sobre o perigo real que chegava em mensagens on-line, seduzindo e arrebanhando uma crescente legião que marchava rumo ao suicídio individual ou coletivo.

Parecia contraditório, mas a morte de Maria de Fátima e a grande repercussão do caso não intimidaram ou amedrontaram os estudantes. Nas conversas reservadas entre os adolescentes, só se falava sobre esse assunto. Em dados sigilosos até agora, segundo a polícia, a procura pela condução de rituais de mutilação e morte aumentou substancialmente na região. Dois grupos, um no WhatsApp, outro no Facebook, foram usados pelos curadores para passar tarefas às baleias.

"Eles ficaram muito curiosos. E, quanto mais o caso repercutia, mais casos apareciam. Ao mesmo tempo que estavam assustados, ficavam interessados em ver como era, saber as etapas, até onde chegava aquilo. O interesse cresceu. Por isso, nos juntamos à Polícia Militar e a outros conselhos de justiça e tentamos fazer um trabalho de conscientização em várias escolas e nas regiões vizinhas", declarou Lucena.

O comportamento dos meninos e meninas de Vila Rica tem explicação histórica. Em situação de vulnerabilidade individual ou coletiva, a presença de algum tipo de transtorno desconhecido e a superexposição ao tema de maneira malconduzida são fatores que podem levar ao suicídio. É o "efeito Werther" ou suicídio imitativo, já abordado no capítulo 3.

Na autópsia da estudante, os peritos descobriram mutilações em partes mais escondidas dos braços e das pernas, próximo à virilha. Também foram solicitados exames toxicológico e necroscópico para atestar a causa da morte. Maria de Fátima não fez uso de nenhuma substância química – álcool ou drogas – antes do suicídio. A estudante morreu por afogamento, sem nenhum estímulo que alterasse os sentidos. Sem anestesia.

A Polícia ainda investiga as causas que poderiam ter motivado a morte autoinfligida da menina; a família revirou gavetas e pertences, repensou sobre fatos, mas ninguém consegue encontrar uma razão convincente, algum traço de doença camuflada, não diagnosticada. A não ser momentos de tristeza e certo recolhimento, o que não representa nenhuma anomalia. Nesse caso, os especialistas não descartam a possibilidade de um suicídio impulsivo, movido por uma espécie de sugestão, no caso, o próprio jogo Baleia Azul.

ROC para salvar vidas

Em 90% dos casos, transtornos mentais e histórico de tentativas de suicídio são poderosos fatores para uma nova empreitada, ainda mais severa. No caso de Maria de Fátima, nenhum deles foi identificado, e a mudança de comportamento não foi tão significativa a ponto de ser notada e levar a uma ação preventiva, um aconselhamento ou pedido de ajuda, de acordo com a mãe.

"Não se trata de afirmar que todo suicídio se deve a um transtorno mental. No entanto, esse fator é um elemento quase obrigatório quando verificados os casos consumados. É que os transtornos dessa natureza e outros indicadores e traços de risco associados, as chamadas comorbidades, dificultam a adaptação social, levam ao estigma, causam instabilidade de humor e trazem à tona, com frequência, sentimentos dolorosos, diminuindo a adaptação funcional e a qualidade de vida daquela pessoa", esclarece o psiquiatra Neury Botega.

O diagnóstico tardio, a carência de serviços associados à saúde mental e a inadequação do tratamento aumentam de forma significativa o risco de suicídio. Mas Botega alerta que, durante a adolescência, várias circunstâncias também podem levar ao suicídio. "Os adolescentes são mais propensos ao imediatismo e à impulsividade. Eles ainda não estão em plena maturidade emocional e cerebral, de tal forma que encontram maior dificuldade em lidar com conflitos e problemas, em especial o estresse agudo, como término de relacionamentos, situações de vergonha e humilhação, rejeição pelo grupo social, fracassos escolares ou perda de entes queridos."

Outro detalhe chama a atenção nas entrevistas e nas dezenas de artigos publicados por Neury Botega. O perfeccionismo e a autocrítica exagerados, comuns nessa fase da vida, assim como problemas com a identidade sexual e os relacionamentos, a exposição ao bullying, inclusive o cyberbullying, também são fatores de risco.

O suicídio de colegas próximos, como aconteceu em Vila Rica, e a morte de personalidades cultuadas pelos jovens podem funcionar como sinais de alerta às redes de proteção, já que costumam servir de modelo de comportamento. Uma imitação que não deveria, mas pode ser adotada.

A larga experiência em saúde mental e pós-doutorado no Instituto de Psiquiatria da Universidade de Londres, além da vivência como professor na Unicamp e médico em consultórios públicos e particulares ao longo da carreira, levou Botega a desenvolver uma senha ou um código de prevenção ao suicídio para facilitar a compreensão de assunto tão complexo. É a ROC:

R – Risco – O primeiro passo para quem deseja ajudar é verificar a existência de risco real. Parece óbvio, mas na maioria das vezes não passa pela nossa cabeça que aquele amigo falastrão, divertido, está pensando em se matar. Na dúvida, com muita sensibilidade, fale sobre o tema e pergunte abertamente à pessoa sobre a ideação suicida, sem julgamentos.

O – Ouvir – O segundo passo é ouvir com atenção e respeito. Esteja preparado e com tempo para ouvir. Enquanto a pessoa desabafa, mantenha-se tranquilo, equilibrado, não se apresse em julgamentos ou discursos morais e religiosos. Para que realmente a aproximação ocorra, alguns preconceitos precisam ser desfeitos.

C – Conduzir – O terceiro passo é conduzir a pessoa até um profissional ou serviço de saúde mental, ou seja, não é o momento para ficar paralisado, incapacitado, irritado e chocado diante das declarações. É preciso encaminhar. Muitas vezes, aquela pessoa não está em condições de procurar ajuda sozinha.

Por mais difícil que pareça, em especial quando se trata de pessoas jovens, não é possível silenciar diante da magnitude e do impacto do suicídio na vida moderna. São milhares de vítimas diretas e indiretas que num futuro próximo também vão precisar de tratamento, impactando e colapsando os serviços públicos de saúde. Embora não seja simples, o suicídio é um fenômeno mundial que pode ser prevenido em 90% dos casos, na medida em que as causas sejam diagnosticadas e tratadas.

Nove em cada dez mortes podem ser evitadas diante de iniciativas e estratégias persistentes e exitosas, como a conscientização da população por meio da discussão coletiva e campanhas de esclarecimento, a restrição de acesso a meios letais, a criação e o investimento em serviços de atendimento de saúde mental.

Em 2006, o governo federal aprovou um plano de diretrizes e prevenção ao suicídio. Mas, até 2017, pouco havia avançado rumo ao investimento em políticas públicas e leis que preconizem planos de estratégia e dotação orçamentária para a criação de planos diferenciados para cada região do país.

Uma medida de extrema importância consiste no treinamento de profissionais da área da saúde para detectar e tratar adequadamente os transtornos mentais, que apresentam altos índices no Brasil e no mundo. Mas nada disso resolve se pais, amigos e pessoas mais próximas não estiverem atentos aos sinais, muitas vezes sutis, camuflados nos rompantes da juventude. Com intensidade diferente, são os indícios dos ritos de passagem para a vida adulta. Uma herança ancestral, mas que de certo modo conseguiu resistir à era digital e permanecer viva num mundo tecnológico que já dispensou tantos antigos costumes.

6

OS RITOS DE PASSAGEM

O canto agudo do pássaro era ouvido de longe, assim como os demais barulhos da floresta viva, na região norte da Amazônia. A conversa de mulheres e homens no idioma da tribo ticuna, o zumbido dos bichos, o ruído da cachoeira, todo esse conjunto de sons mais parecia um sopro suave e distante daquela oca. Os olhos da menina não refletiam medo diante da pouca luz e nenhum contato. Toda a sua terra, os seus valores mais profundos, as suas tradições a poucos passos, mas, por ora, inalcançáveis, inatingíveis.

Era uma passagem. Era por isso que estava ali. Foi assim com sua mãe, com sua avó, com sua bisavó e com todos os seus ancestrais. Talvez ela não tivesse 13 porquês. O certo é que tinha pelo menos um motivo forte: deveria estar ali e pronto. Quando o rito é imposto por séculos de repetição, por credo, pela fé, pelos costumes, pelo mito, como o espelho vivo e imutável de uma comunidade, quase nunca se questiona.

Na festa da menina-moça da tribo ticuna, feita após a menarca, a primeira menstruação, por volta dos 11 ou 12 anos, a indiazinha é levada para um espaço isolado na oca da família, ou bem perto, onde passa de 4 a 12 semanas em total reclusão. O espaço não é grande, mas também não é claustrofóbico.

Para todos os integrantes da tribo, Mayuá Tikuna e tantas outras meninas-moças estão visitando o submundo. E é ali, naquele local quase sagrado de travessia, que a menina vai receber a visita do demônio Noo. No fim do período de reclusão, a indiazinha é visitada por homens usando máscaras de Noo, como se estivessem na pele do demônio. Para se proteger, durante dois dias, ela tem o corpo pintado de preto. O pior já passou.

No terceiro dia, é levada para uma grande festa, onde todos dançam até o amanhecer. Quando o sol ilumina a aldeia, a tribo toda está exausta. A menina recebe uma lança de fogo e a atira ferozmente no vazio para matar o demônio que tanto a assustou. A passagem está consumada: morre uma menina, nasce uma mulher corajosa e fértil, pronta para casar aos 11 anos e ter quantos filhos puder.[1]

Em tribos do Pará e do Amapá, nas etnias tembé e kaxuyana, ritos assim são tradicionais e marcam a passagem para a vida adulta. As meninas têm os braços pintados e exibem tatuagem com os símbolos de sua etnia. As jovens moças também podem ter a cabeça raspada e passar por períodos de isolamento. Já os meninos são pintados com a tinta negra extraída do jenipapo e adornados com penachos de pássaros e pinturas específicas e simbólicas para seu povo. Passam a ser guerreiros e estão aptos a caçar com os adultos.

Normalmente, esses ritos de iniciação guardam relação direta com a sexualidade. Determinam a ponte para o casamento e a procriação

---

1. TRAVASSOS, M. R. C. *Mitos de origem e processos identificatórios na Amazônia:* uma visão psicanalítica. 2014. 124 f. Dissertação (Mestrado em Psicologia Clínica e Cultura) – Faculdade de Psicologia, Universidade Federal do Pará, Belém, 2014; CECCARELLI, P. R. Mitologia e processos identificatórios. In: *Revista Tempo Psicanalítico*, v. 39, p. 179-193, 2007.

consentida. Outras transições ocorrem ao longo da vida, com outros mecanismos de celebração. Seja a morte, com os rituais fúnebres, seja a vida, com o nascimento ou qualquer mudança de status relevante para um integrante da comunidade.

Um dos primeiros estudiosos a popularizar o termo "rito de passagem", no início do século XX, foi o antropólogo franco-alemão Arnold Van Gennep, que os dividiu em três categorias: ritos de separação, de margem e de agregação.

Nos lugares em que a evolução tecnológica ainda não chegou e o tempo não passa com a mesma velocidade, os valores persistem. Passam de geração para geração. É a impressão simbólica de uma nova fase que pode deixar marcas na memória e, principalmente, no corpo.

Derramar sangue pela ruptura e se fazer respeitado e digno no meio em que se vive é necessário em muitas sociedades tradicionais ainda hoje. Os adolescentes da tribo sateré mawé, na Amazônia, para mostrar que já são homens, desafiam formigas de até 3 centímetros, as temidas tocandiras. Metem as mãos numa espécie de luva recheada com os insetos gigantescos e ameaçadores. É preciso dançar durante 10 minutos sem chorar com as mãos enfiadas nas luvas. A dor de cada picada pode ser comparada à de um tiro, e a sensação pode perdurar por 24 horas e levar a convulsões. Para provar sua coragem e masculinidade, os homens da tribo vão repetir esse processo outras vezes na vida.

Receber veneno nos olhos, chicotadas nas costas, enfiar varetas pelo nariz, saltar sobre touros bravos ou no vazio, amarrados apenas por cipós, são todos rituais de passagem. Deixar de ser criança e ter uma progressiva aceitação social pode ser doloroso nas sociedades mais remotas.

A adolescência pede passagem

Mas o que desafios da modernidade, como o Baleia Azul e tantos outros, têm em comum com os ritos de passagem de comunidades ancestrais?

Quase tudo. Em um longo artigo publicado na revista *Psiquê*,[2] a escritora e psicanalista Luciana Saddi define bem essa ligação: "Até onde se sabe, até onde o conhecemos, o Baleia Azul é um jogo de desafios crescentes. De maneira que lembra uma gincana, estimul os participantes a ultrapassar obstáculos com progressiva dificuldade, sendo a última, a prova de maior coragem. A prova que pode superar o medo da morte".

A psicanalista traça uma relação entre rituais e desafios, jogos e condutas ousadas e até arriscadas do jovem na atualidade. Não importa em qual região do planeta habite, a adolescência pede passagem e é induzida a se aventurar por rituais iniciáticos para ingressar num outro mundo: o mundo da autonomia, das responsabilidades, o universo respeitado dos adultos. No momento de conflito entre a dependência e a autonomia, das descobertas sexuais, da necessidade de desligamento gradual da família, só aquele que demonstrar para si, e principalmente para os colegas, força e coragem consegue fazer essa transição, a passagem.

Luciana Saddi explica com tranquilidade que, nesse trajeto natural da vida, muitos jovens se botam à prova por meio de vários tipos de desafios pessoais. Com grau de intensidade e formas diferentes, movidos pelo impulso, também muito comum nessa fase da vida, dão um salto no abismo da vida adulta, como aquele enfrentado pelos meninos da tribo sa, de Vanuatu, no oceano Pacífico. Só que sem cipós amarrados aos tornozelos.

"Não é que eles queiram morrer, que busquem a morte. Para o adolescente, a impotência é deprimente. Então ele oscila entre o tudo e o nada. Ele busca experiências, desafios, flerta com o perigo, acha que nada vai acontecer com ele. E, às vezes, essa onipotência pode matar", explica a psicanalista. O Baleia Azul seria apenas mais uma das formas ocasionais de experiência, como outras tantas que já estiveram em voga, como "rachas" (ou "pegas") de velocidade, roletas-russas e experiências diversas com álcool e drogas.

---

2. SADDI, Luciana. O grande desafio. *Psiquê Ciência e Vida*, ed. 136, 2017.

No mundo de cá, o da modernidade, numa sociedade dominada pela informação e tecnologia, a adolescência não começa e termina em apenas um dia, em uma única prova, como nas tribos. Parece estar cada vez mais elástica. Pode até não acabar, já que nem todos os adultos se tornam responsáveis e autônomos. Para Luciana Saddi, em alguns casos, o suicídio pode ser analisado como uma forma de escapar da angústia, do sofrimento e da desonra nessa fase, como ocorre em outros momentos de crise que parecem insolúveis. Só parecem.

"Eles se sentem apavorados, respondendo a um comportamento de massa e, por vezes, se submetem a algum tipo de líder. Esse pseudolíder passa a pensar por todos e anunciar e ditar as ordens", explica a psicanalista, antes de ressaltar: "Essa rebeldia toda não é contra os pais. Os pais se sentem entristecidos e perdidos ao ver suas crianças partirem, mas o medo e as proibições extremas podem piorar a situação. É preciso conversar, dialogar, mas sem coibir o direito às experiências".

Para Eda Marli Assunção, especialista em terapia cognitiva, psicoterapia transpessoal e programação neurolinguística e professora da Escola Paulista de Medicina, as dificuldades nos ritos de passagem da infância para a adolescência dependem muito do comportamento dos pais e cuidadores desde muito cedo. "Muitas vezes, pais, avós, cuidadores e educadores, pessoas próximas, mesmo sem conhecimento e intenção, vão desenvolvendo um estilo explicativo na educação daquela criança, um conjunto de crenças e ensinamentos limitantes. Um tipo de conceito e relação que leva aquela criança a se sentir inferior, não amada, vulnerável, pertencente a um mundo ameaçador e perigoso. Ao crescer, a criança passa por vários desafios e, ao longo da vida, a postura de pais e educadores pode ajudar esse indivíduo a se sentir mais forte e encorajado. Se você tem uma visão do mundo distorcida, fases que já são delicadas vão ficar ainda mais difíceis", afirma.

"Os professores também necessitam ser mais bem preparados", diz Eda. "Não só com suas matérias, mas também com a psicologia, sobretudo com o desenvolvimento de cada fase da criança, combatendo o bullying e estimulando o respeito mútuo, fazendo com que o outro se coloque em determinadas situações. Quanto aos pais, muitos só procuram um psicólogo quando os filhos já estão deprimidos, já tentaram suicídio, bateram ou apanharam na rua. Parece que eles não querem enxergar as dificuldades dos seus filhos ou nunca têm tempo para falar com eles e ouvir suas queixas."

A psicoterapeuta ressalta que uma das principais formas de prevenção da vulnerabilidade na adolescência é respeitar o tempo da infância. Mesmo com responsabilidades e tarefas, deixar a criança ser criança, com tempo para as brincadeiras e o lazer. Essa fase é importante para que a criança aprenda a lidar com conflitos na prática. É uma forma de fortalecer aspectos do convívio social e traços de caráter para que aquele indivíduo chegue mais preparado às portas da vida adulta.

Enforcados da floresta

O fenômeno mundial do suicídio, ao contrário do que muitos possam pensar, não está presente apenas nas grandes cidades. A modernidade, a chegada repentina da tecnologia, a proximidade com outras culturas causaram alterações sociais radicais na comunidade indígena, que, quando se unem à violência, ao alto índice de alcoolismo e a privações de toda ordem, como a falta de acesso a serviços públicos de saúde, em especial a saúde mental, levam os índios a adoecer. Muitos recorrem ao autoextermínio. O custo físico e emocional é alto.

Em vários países do mundo, os indicadores de suicídio em populações indígenas são elevados:

entre os aimarás, na Bolívia, os mapuches, no Chile, os navajos, nos Estados Unidos. No município de São Gabriel da Cachoeira, no Amazonas, no Alto do Rio Negro, por exemplo, a taxa de suicídio entre 2000 e 2007 foi de 16,8 por 100 mil habitantes, o triplo da média nacional. A maioria (43,1%), jovens com idade entre 15 e 24 anos. Em 30,2% dos casos, as vítimas tinham entre 25 e 34 anos.

Em 2013 o Conselho Indigenista Missionário (Cimi) divulgou um relatório indicando a etnia brasileira mais suscetível ao suicídio: os guarani kaiowás, do Mato Grosso do Sul. Na época, mais de 50 mil índios estavam envolvidos numa violenta disputa pela terra com fazendeiros da região. De acordo com o Cimi, sentindo-se desamparados, desassistidos e ameaçados, os índios estariam sucumbindo num "genocídio silencioso", causado pelo suicídio solitário ou coletivo.

Só em 2012, segundo dados do Ministério da Saúde, foram 52 suicídios indígenas. Registros oficiais do governo federal dão conta de que em 13 anos, de 2000 a 2012, 555 índios guarani kaiowás se mataram. Quase todos eram homens, com idade entre 15 a 29 anos, que tiraram a vida por enforcamento. Em dados mais atuais, apresentados em julho de 2014 pelo Conselho Indigenista Missionário e também a partir do *Mapa da violência* do mesmo ano, a situação entre os jovens índios só se agravou. Em São Gabriel da Cachoeira, a taxa de suicídio chegou a 50 casos por 100 mil habitantes. Dez vezes maior que a média nacional e quase o dobro da taxa apresentada por países como Coreia e Lituânia, os dois campeões mundiais na época.[3]

Passagens desastrosas e trágicas

Quando fortes conflitos pessoais, agravados ou não por patologias, se aliam a algum tipo de vulnerabilidade, falta de orientação e apoio familiar, as consequências podem ser extremas para muitos jovens. Segundo o *Estudo global sobre o homicídio 2013*, divulgado pelo Escritório de Drogas e Crimes das Nações Unidas (Unodc, na sigla em inglês), o número de mortes por suicídio já ultrapassa os registros de homicídio.

Um relatório da Organização Mundial da Saúde estima que em 2015 ocorreram 468 mil assassinatos no mundo inteiro. O autoextermínio chega a cerca de 800 mil casos por ano. Com um sério agravante: para cada suicídio consumado ocorreram outras 20 tentativas. A tentativa de tirar a própria vida já é a sexta causa de incapacitação. Em média, esses sobreviventes têm entre 15 e 44 anos.

Tanto o suicídio consumado quanto as tentativas frustradas têm grande impacto na vida daqueles com quem a vítima convive. Em março de 2017, pouco antes de começar este livro, durante a apuração de

---

3. MANSO, Bruno P. O sobrenatural e o suicídio dos índios do Alto Rio Negro e Guarani Kayowá. Blog SP no Divã, *O Estado de S. Paulo*. Disponível em: <http://sao-paulo.estadao.com.br/blogs/sp-no-diva/o-sobrenatural-e-os-suicidios-dos-indios-do-alto-rio-negro/>. Acessado em 8 de janeiro de 2018.

uma reportagem, uma menina de 16 anos, talentosa com o violão e desesperançosa do existir, comentou em uma conversa comigo: "Tenho raiva de mim, porque já tentei me matar várias vezes e nem para isso eu presto; nem isso eu consigo fazer direito. E a cada tentativa minha família sofre ainda mais, gasta mais. É horrível". No segundo semestre de 2016 ela atravessou uma crise de depressão e bipolaridade. Tentou se matar três vezes num período de três meses.

A preocupação da jovem com o sofrimento da mãe e dos avós procede. As experiências traumáticas do suicídio, mesmo a dos sobreviventes, deixam à sua volta um rastro de morte iminente, de desesperança, de medo constante, que abre suas asas sobre parentes e amigos aflitos. A cada ano, 5 milhões de pessoas tornam-se vítimas da ação de algum suicida no mundo. Longe de ações prioritárias dos governos e projetos específicos na saúde pública, uma legião de pessoas adoece depois da perda de um ente querido nessas circunstâncias.

Muitas das vítimas indiretas do suicídio se tornam incapacitadas e precisam de auxílio médico e psicológico. Sem falar nos casos em que, depois da primeira ocorrência, outros membros da família decidem seguir a trilha da morte autoconduzida, deixando lares devastados pelo autoextermínio em série. "Já vi casos em que uma irmã se matou; depois, a outra, em seguida, o irmão. Depois, a mãe tentou. Como se asas da morte pairassem sobre aquela família. Um horror. Muito triste!", relata a psiquiatra Alexandrina Meleiro.

O que afinal é essa tal adolescência?

A Organização Mundial da Saúde considera adolescente todo indivíduo entre 10 e 20 anos incompletos. Socialmente essa faixa etária é menos elástica. Com 10 anos, os pais costumam levar os filhos ao pediatra. Com 19, eles vão sozinhos ao ginecologista, cardiologista, endocrinologista. O Estatuto da Criança e do Adolescente (ECA) estabelece a adolescência entre os 12 e 18 anos.

Relativamente curta mas extremamente complexa, a adolescência é marcada por inúmeras mudanças físicas, hormonais e emocionais que ocorrem em maior ou menor grau dependendo do histórico genético, de saúde e social do jovem. Em geral, é na adolescência que se definem as linhas gerais do corpo: alto, baixo ou mediano, obeso ou esguio. É nessa fase da vida também que são distribuídos a gordura e os músculos.

Os hormônios começam a se manifestar, em especial a testosterona, preparando o território para as primeiras experiências sexuais. O sistema neurológico se aventura em novas conexões, os nervos se fortalecem. Um liquidificador de novidades e experiências que exigem alguém capacitado para ajudar a absorver tudo, nem que seja para funcionar como porta de entrada para outros especialistas, numa fase da vida em que os pais podem deixar de ser a maior e mais importante referência.

Do ponto de vista emocional e psíquico, o adolescer é naturalmente uma fase de confronto do indivíduo, que, para seguir, deixa de lado os modelos até então ideais, como os pais, e parte em busca de novos padrões e formas de conhecimento, segundo o pai da psicanálise, Sigmund Freud. A partir desse desligamento das figuras estabelecidas como perfeitas, inquestionáveis, surge a aquisição de novas experiências e posições diferentes diante da vida. Um período de afastamento do antigo ideal para a chamada "retificação da vida real".

O doutor em psicologia clínica e psicanalítica Contardo Calligaris, em seu livro *A adolescência*, descreve esse período como uma moratória em que uma pessoa fisicamente adulta enfrenta fortes conflitos emocionais, aparentemente insolúveis, porque se vê ainda incapaz e impedida de entrar por inteiro no mundo dos adultos. Ela pode e deve se aventurar fora do ambiente acolhedor e seguro da família, dando os primeiros passos rumo à autonomia, mas ainda não é independente, está na fase das escolhas – inclusive da carreira – e não tem autonomia legal nem financeira para romper completamente com os antigos conceitos.

Um limbo se instala entre a busca pela independência e a real submissão, causando embates internos e externos complexos, de várias ordens e graus de intensidade. Está em jogo o conforto preestabelecido, mas também a necessidade de autonomia, de emancipação. Do embate quase ininterrupto pode surgir a irritabilidade, a agressividade, o aumento nos índices de violência.

Com grande frequência, ao contrário do que se espera, a juventude vem acompanhada de certo pessimismo insistente, uma negatividade, questionamentos constantes e uma falsa onipotência. É uma fase de luto, sem dúvida, revelam os especialistas em vários livros e pesquisas. Afinal, para surgir um adulto é preciso matar a criança que ainda habita nele. Despedir-se da fantasia, da magia pueril do "ser" para encarar outras formas de viver, baseadas na realidade, que nem sempre é lúdica e acolhedora como nos nossos sonhos infantis.

"O entristecimento faz parte da vida, não só do adolescente, mas de todos", explica o pediatra e hebiatra Mauro Fisberg, pesquisador e professor da Escola Paulista de Medicina. "Entristecer é normal na adolescência, pela perda do ideal infantil, dos modelos, da vida ideal. Se não ficarem tristes, só experimentarem a euforia, a mania sem trégua, aí sim, estaremos diante de um problema, de uma patologia."

E os momentos de isolamento e entristecimento podem ainda se revezar com os rompantes de onipotência e agressividade. "Na fase da onipotência, como o próprio nome já indica, o adolescente experimenta e acha que tudo pode, que nada vai acontecer com ele." É dessa ideia fantasiosa que advém boa parte dos problemas.

Entre os 10 e os 20 anos, muitos são apresentados ao álcool, às drogas, a aventuras de risco e abusos desmedidos que, invariavelmente, são a porta de entrada para problemas futuros, inclusive doenças crônicas, como os problemas cardíacos, hipertensão, diabetes e outras tantas.

Os transtornos psicológicos também costumam aparecer nessa fase. É melhor estar atento. Quanto mais cedo forem diagnosticados e tratados, melhores serão os resultados, diminuindo as sequelas para a vida adulta. Adolescer sem adoecer é um grande e valioso investimento para o futuro, que poderá ser mais saudável e feliz.

O envelhecer

Não chega a exigir um rito, mas envelhecer também é uma passagem, uma transição gradual que merece muita atenção. E se existe um marco, um portal, ele se aproxima bastante da aposentadoria ou da inatividade. Para quase todos, a terceira idade é uma fase da vida em que o equilíbrio mental, psicológico e emocional é posto à prova por questões físicas (a decrepitude, a perda de vigor e a queda da ação hormonal, entre outras) e sociais (a perda da capacidade física, mental e, às vezes, financeira).

Por motivos assim, no mundo inteiro, os idosos concentram a maior parte dos casos de suicídio. Dados relativos a 2015 divulgados pelo Ministério da Saúde em setembro de 2017 mostram que, enquanto o Brasil tem uma taxa de 5,7 suicídios por 100 mil habitantes, entre os idosos a incidência pula para 8 casos por 100 mil pessoas na faixa dos 50 aos 59 anos e para 8,9 por 100 mil acima dos 70 anos.[4] Um trabalho coordenado por pesquisadores da Fiocruz (Fiocruz/Enasp), publicado em edição especial da revista *Ciência e Saúde Coletiva* em 2012, revela um crescimento ainda mais preocupante. Entre 1996 e 2007, os pesquisadores identificaram 91 mil mortes autoprovocadas no país. Em 14,2% dos casos, as vítimas eram pessoas com mais de 60 anos. Alguns estudos contaram com dados do Sistema de Informação sobre Mortalidade.[5]

---

4. OLIVETO, Paloma. Crescem os casos de suicídio entre idosos no Brasil. *Correio Braziliense*. Disponível em: <http://especiais.correiobraziliense.com.br/crescem-os-casos-de-suicidio-entre-idosos-no-brasil>. Acessado em 8 de janeiro de 2018.
5. VARGAS, Tatiane. Pesquisa revela perfil do suicídio de idosos no Brasil. *Informe ENSP*. Disponível em: <http://www.ensp.fiocruz.br/portal-ensp/informe/site/materia/detalhe/30879>. Acessado em 8 de janeiro de 2018.

Entre 1980 e 2012, com a expectativa de vida crescente, o número de suicídio entre os idosos se multiplicou no país. Aumentou 215,7% em pouco mais de três décadas. Uma fatalidade mais frequente num prazo curto depois da aposentadoria, numa ruptura brusca entre a atividade e a inatividade, a perda de laços sociais. Segundo dados do Centro de Valorização da Vida, o maior risco de suicídio acontece três meses após o idoso deixar o trabalho.

Em 2015, os números do IBGE davam conta de que 14% da população brasileira já tinha mais de 60 anos, e a expectativa é de que até 2060 o número de idosos quadruplique. A sensação de plenitude, dever cumprido e realizações, inclusive financeira, não cresce na mesma proporção. Um sinal de que a maior parte da população ainda não está preparada de forma adequada para o envelhecer com qualidade, tampouco sabe dar o suporte necessário para quem já passou dos 60 em um mundo mais longevo. Isso inclui também e principalmente o poder público.

Entre tantas medidas, a Organização Mundial da Saúde sugere como alternativa o chamado "envelhecimento ativo", um conjunto de ações ainda pouco aplicado no Brasil. O conceito prevê que ser ativo vai bem além da realização de atividades físicas, o que também é importante. Manter a autonomia, fugir do isolamento investindo na manutenção de relações sociais, mesmo depois da aposentadoria, desafiar a mente com frequência são atitudes que previnem a depressão e reduzem os riscos de demência e suicídio. A prevenção também passa pelos cuidados com a saúde e a boa alimentação. Recursos a que boa parte dos aposentados brasileiros não tem acesso.

O geriatra Fernando Bignardi, um típico médico de família que pratica uma medicina integrada em todas as dimensões humanas (física, emocional e espiritual), ajuda a melhorar os momentos delicados de passagem e os desafios do envelhecer. Pesquisador sobre o envelhecimento, dedica-se à aplicação da "transdisciplinaridade à saúde" e viaja o mundo em ciclos de palestras sobre qualidade de vida, sustentabilidade e medicina da meditação como ferramenta de cura. Em uma longa entrevista ele fala sobre os riscos e índices preocupantes do suicídio de jovens e idosos, formas de prevenção e atitudes e comportamentos aliados ao bem viver. Independentemente da idade, da classe social e do estado físico.

"Hoje, e já faz tempo, em especial depois da revolução industrial, houve mudança de papéis, a prerrogativa da modernidade, a gente vem sofrendo com a falta da família e de identidade. O que percebemos no jovem contemporâneo é a individualização, enquanto Jung dizia que precisamos da 'individuação' para nos tornarmos um indivíduo em plena condição humana. A ação de tornar-se um indivíduo é reconhecer sua condição humana, mas inserido na grande rede do universo. São várias dimensões simultâneas existentes e boa parte de nós só reconhece aquilo que é palpável, aquilo que tocamos, o material. Isso gera vários problemas, emocionais e de saúde."

"Acho que um dos antídotos para o suicídio, não só o juvenil, seria a reconexão com esse mundo que Platão chamava de o mundo das ideias, o mundo ideal. A pessoa que consegue fazer essa ponte e se alinhar à grande rede universal tem pouca motivação para a morte, pouca motivação para o suicídio. Ela está sendo o que precisa ser", argumenta.

"O problema é que você não nasce sabendo, não nasce pronto. Nascemos um manancial de vitalidade. Veja as crianças, elas não se cansam, são uma bomba de vitalidade, mas sem sabedoria. Por isso, precisam ser contidas; por isso, precisam dos pais, precisam de quem as ame. Essa continência educativa é muito importante. Esse é o papel da família. As famílias tradicionais eram formadas por pai, mãe, tios, avós, irmãos. Um mesmo contexto em várias gerações. Em algumas culturas, como no interior do Japão, isso ainda é muito valorizado. Mas, na sociedade de consumo, pós-industrial, focada na dimensão do material, o ser humano foi sendo desvalorizado", afirma o médico.

"A força do trabalho manual foi reduzida, o ofício foi desqualificado. Os mais velhos também ficaram para escanteio. Hoje, com força, mas sem sabedoria e conhecimento, sem referências, o jovem se sente perdido. O consumo desmotivou o trabalho das mãos. Na Idade Média, o mestre sapateiro detinha todo o processo do conhecimento, desde a qualidade da pele do boi que iria virar pele tratada até a forma perfeita do sapato que fazia. E esse sapato era feito para durar. E o sapateiro era uma referência, passava isso para os mais jovens. Tudo isso se converteu em números, em linha de produção, onde todo mundo trabalha duro, faz um pouquinho de cada coisa, mas não sabe nada. Ninguém é mestre. E ninguém é sapateiro."

Para o geriatra, na medicina atual e na forma de tratar o indivíduo hoje em dia, existem algumas incoerências que atuam como empecilhos para uma saúde plena e preventiva. "Na medicina, está uma loucura. Está um caos, tudo é fracionado em especialidades. A mulher quer uma pele linda, vai à dermatologista, se enche de medicamentos corrosivos, corticóides. A pele fica uma beleza, mas o estômago sofre com isso. Então, ela vai ao gastro e depois ao cardiologista, o ciclo vai crescendo, os problemas aumentando, até parar no oncologista", alerta Bignard.

O médico muda o rumo da conversa quando o assunto da entrevista passa a ser a pressa, o tempo que parece mais veloz, cheio de ocupações e pouca atenção aos outros e até a si mesmo. "Estamos num processo de alienação. Antes, eu morava próximo de uma estação de metrô, perto da Barra Funda, em São Paulo. Eu a observava sempre. Via toda aquela gente saindo numa gigantesca plataforma, escada acima, uma leva de pessoas, uma multidão. Elas chegavam correndo, tropeçando, arrastando tudo, passavam nas barraquinhas, pegavam bolachas e saquinhos de alimentos, vinham comendo, consumindo tudo. Um processo de alienação sem um porquê, sem um propósito."

Na visão do geriatra, no ritmo da urgência, com os olhos voltados para o celular, sem muita conexão humana, sem medidas de proteção, a doença passa a ser apenas uma resposta do corpo ao físico desgastado e à mente exausta e, muitas vezes, confusa. "A doença nada mais é do que um sinal de que estamos desconectados. Todas as doenças.

E não existe separação entre a dor física e a emocional. Isso tudo está junto e interligado. Quando há alguma falha de conexão, o ser responde. A manifestação é orgânica."

Quando perguntado se isso também vale para a depressão e outros transtornos, a resposta de Bignardi é enfática e cheia de exemplos: "Há muitos anos, tive uma paciente com crises de bipolaridade. Era uma farmacêutica jovem que morava com a irmã, uma médica. Ela teve um histórico delicado, sofreu um aborto, outros problemas emocionais e adoeceu. Tinha crises fortes, psicoses, mas foi acolhida pela família, pelos vizinhos. Foi tratada sem traumas, mas com acolhimento. Às vezes, chegava a andar nua pela vila onde morava. Usamos uma dinâmica diferente, sem repressão. Com ela, funcionou. As alucinações vinham e voltavam, mas depois de um tempo se estabilizaram. Até onde sei, estava bem, trabalhando, recuperada", relata.

Os especialistas alertam que em alguns casos de depressão, bipolaridade e esquizofrenia, a prescrição correta de medicamentos em dosagens ideais é um aliado indispensável ao tratamento. Na concepção de Bignardi, é possível usar remédios, química para o corpo, mas numa visão mais ampla, a multidimensional. O remédio não impede um trabalho mais complexo, que trate o indivíduo como um todo. Quando o paciente compreende a doença, identifica onde está o desajuste e se realinha, a enfermidade perde a razão de existir.

Nesse contexto, o suicídio não pode ser analisado apenas como um fenômeno pontual, com causas bem definidas, inspirado pela genética ou herança do histórico familiar imitativo, mas também como resultado de um estilo de vida coletivo. Isso mesmo. O modo de viver da sociedade influencia o indivíduo e pode levar aqueles com alguma propensão a isso à iniciativa de tirar a própria vida. "Não se trata apenas de suicídio, mas de perda de valores. Qual a semelhança entre o menino que joga o desafio da baleia, o que faz a asfixia e o terrorista que explode? Todos eles, por meios diferentes, repetem um mesmo processo. Através do extremismo, da rede, da mutilação, todos estão buscando o paraíso perdido ou o paraíso que se imagina encontrar. E não tem ninguém para mostrar um caminho", comenta Bignardi.

"Com pais ocupados e a desvalorização do idoso, quem oferece o limite, o rumo?", questiona o médico. "A vida busca limites, busca aprendizado. E não são apenas os mais jovens. Sabemos que a mortalidade seis meses após a aposentadoria é altíssima. Não é suicídio só, é mortalidade; a pessoa adoece, muitas vezes doenças crônicas, e morre rápido. Falta o propósito durante a vida. Ela não sabe viver. Não consegue viver sem os olhos da empresa, do trabalho, não aprendeu. Sabe apenas ser vivida e explorada pelas coisas. Quanto aos jovens, ainda mais, eles buscam um condutor, uma fonte de sabedoria. Se você quer ter filhos, precisa ser um condutor da vida e não deixá-los à margem da liberdade vital e mortal, sem a sabedoria e experiências necessárias para seguir."

Um ciclo. Um desfecho de etapas. Da infância à aposentadoria, a vida será marcada por passagens importantes, algumas mais severas, difíceis e dramáticas, que buscam certa coerência, o mínimo de sentido. Em todas, os cuidados com a saúde, o apoio das pessoas próximas – parentes e amigos – desde o início da jornada e a busca pelo equilíbrio podem servir de bússola para que a pessoa não fique desnorteada, largada à própria sorte.

7

OS POBRES MENINOS TRISTES[1]

"Eu estava no salão de beleza quando meu telefone tocou. Era uma pessoa desesperada, aos berros. A pessoa gritava: 'Ele pulou!'."

Valdete Maria da Silva, mãe de Edvaldo

Depois daquele telefonema, depois que tudo já tinha acontecido, todos olhavam para aquela mãe devastada e exigiam dela, mesmo que de forma inconsciente, uma resposta quase imediata que elucidasse a dúvida e aniquilasse qualquer sinal de incompreensão. Era como se toda aquela gente que insistia em visitas de condolências intermináveis estivesse também atrás de alguma confissão, um motivo qualquer que fosse. Como se aquela mulher precisasse pedir perdão pelo que havia ocorrido, por seu filho tê-la deixado antes da hora.

Era uma pergunta silenciosa e ensurdecedora ao mesmo tempo. As pessoas não diziam, mas era quase como se fosse possível ouvir seus pensamentos: "Por que seu filho, estudante brilhante do curso de arquitetura, jovem, bonito, tão cheio de vida e de sonhos, com hábitos

---

1. Colaborou na produção deste capítulo, Rosana Teixeira.

tão característicos da classe média brasileira, pulou de tão alto, logo depois de ganhar – por mérito – o primeiro carro? Era um gesto de coragem ou de desespero?".

Para a mãe, a pedagoga Valdete Maria da Silva, os olhares misturavam misericórdia e acusação. E cada vez mais, por semanas seguidas, Valdete se refugiou no seu "deserto", a cama. Era ali que ela ia se recolhendo, se debulhando de dentro para fora, até os joelhos tocarem o queixo úmido, em posição fetal.

"Era a única forma em que me sentia mais confortável. Ficava ali por horas, dias seguidos, tentando entender o porquê. Quando as visitas chegavam, não queria receber ninguém, pedia para dizer que não estava. Queria ficar ali no meu deserto, procurando algum motivo, algum sinal, alguma explicação para aquela fatalidade."

Embora parecesse a mais devastadora, não era a primeira fatalidade enfrentada por ela em pouco tempo. No fim de 2006, Valdete havia se separado do pai de Edvaldo, quando o filho tinha 11 anos. Em julho de 2008 conheceu e se apaixonou por Márcio, com quem se casou em dezembro de 2010. Um casamento feliz, aceito com tranquilidade por Edvaldo, coroado com o nascimento da caçula, Clarice. E, assim, unida, a família permaneceu por dois anos e dez meses, até que Márcio foi vítima de um aneurisma cerebral fulminante, deixando a filha com apenas 6 meses de vida.

A pedagoga ainda não havia se recuperado da perda do marido quando, menos de dois anos depois, foi assolada pela morte do filho mais velho. Se perder um filho dispensa comparações com qualquer tipo de dor mensurável, será que a despedida pelo suicídio pode se revelar ainda mais cruel para uma mãe do que por uma morte natural? Valdete não tem dúvidas: estava diante da pior das mortes.

Se a vontade aponta para a interrupção da jornada, espera-se que algo gravíssimo tenha ocorrido, associa-se a imagem do autoextermínio a alguém incapaz de sair do quarto, macambúzio, solitário, sem amigos, tão sem vida a ponto de dar cabo dela. Não é bem assim.

A maioria das pessoas está acostumada a formar julgamentos imediatos, a imaginar um perfil bem-definido. Mas esse perfil não existe.

O psiquiatra Neury Botega elucida: "O suicídio é um fenômeno complexo, sem explicação e soluções simples. As pessoas, inclusive muitos jornalistas, acreditam que é possível sair à rua e definir um perfil. Não é assim que funciona. Já vi suicidas bem-vestidos, bem-formados, inteligentíssimos, bem-sucedidos; já vi suicidas que são muito divertidos e piadistas, daqueles que fazem todo mundo rir. Suicida não tem cara. Ver as coisas assim pode ser um engano grave. O que vemos da superfície é um sinal do gelo branco, mas embaixo daquilo tem um iceberg gigantesco".

Havia mesmo um iceberg escondido na casa de Valdete. Bem camuflado nas traquinagens e no sorriso imenso de um menino cheio de virtudes e talentos. Desde a infância, Edvaldo era tido como um garoto doce, generoso, o melhor amigo da mãe. Cresceu assim. Era daquelas pessoas que se levam para a festa a fim de afastar qualquer chance de ela não ser um sucesso, daqueles jovens que se chamam para sair, ir a um bar ou ao cinema. Companhia alegre. Alto-astral. A personificação da risada fácil. Valdete sabia o valor do filho. Ele também sabia. Sempre foi muito amado e admirado pelos pais e pelo resto da família. Até que pesaram sobre ele as primeiras dúvidas e especulações sobre sua sexualidade. E Edvaldo repensou a alegria que tinha. A felicidade cabia também para ele ou era apenas destinada aos que estavam à sua volta?

"Ele era um menino bondoso, gostava de fazer o bem", lembra a mãe.

Na intimidade, o estudante tinha seus conflitos, como todos. Em seu caso, agravados por uma depressão que às vezes se tornava severa. Aquela alegria de que todos compartilhavam não existia da porta para dentro. Parecia haver uma incompatibilidade entre fazer o outro feliz e ser feliz. E nesse espaço fronteiriço, a tristeza cresceu. Não dessas que passam com os dias, que se dissolvem quando se vão os problemas do cotidiano. Mas daquelas tristezas que se estabelecem, daquelas que pedem socorro.

A mãe conta que as crises de depressão do filho nunca ultrapassavam três semanas seguidas, tinham data de validade, mas enquanto todos gargalhavam, inclusive ele, um gosto amargo de existir era engolido riso adentro, um veneno adstringente para quem desejava ser apenas suave. Mas ninguém além do próprio Edvaldo sabia disso. Pelo relato carinhoso de Valdete, nunca faltou auxílio a ele. Nem ouvido. Nem colo.

Como pedagoga e mãe, nos primeiros sintomas mais aparentes, Valdete fez o que todos deveriam fazer: levou o filho a um especialista, estimulou e acompanhou o tratamento. Foram dois anos de acompanhamento rigoroso para combater a depressão, com o uso também de medicamentos.

"Ele me perguntava: 'Mãe, você está decepcionada comigo, de eu ser assim como eu sou?'. Ele falava da tristeza camuflada e de suas escolhas recém-reveladas. Eu dizia que não. Ele era meu orgulho. Meu menino querido. E era mesmo."

Aprovado logo de cara no curso de arquitetura na universidade que escolheu, a Camilo Filho, de Teresina, referência na graduação, Edvaldo se mostrou realizado. Parecia muito feliz. Dava a impressão de se sentir pleno e recuperado. Teve uma longa e decisiva conversa com a mãe e resolveu abandonar o tratamento e os remédios. Queria apenas viver – e achava que já era possível fazê-lo sem o auxílio do tratamento. Estava enganado.

"Me lembro como se fosse agora dele dizendo: 'Mãe, estou tão bem, tão feliz, tão realizado, matriculado na faculdade que eu quero. Não vejo mais a necessidade de continuar com essa medicação'. Foi o nosso erro."

Valdete está longe de ser uma exceção. Achar que a situação está resolvida antes que esteja de fato é um equívoco mais comum do que se imagina.

Mortes por depressão

Em 2014, um levantamento feito pelo jornal O *Estado de S. Paulo* com base nos dados do Sistema de Mortalidade do Ministério da Saúde (Datasus), mostrou que entre 1996 e 2012 o número de mortes relacionadas à depressão cresceu 705% no país, saltando de 58 para 467.[2] Contabilizam-se todos os tipos de morte direta ou indiretamente ligada a episódios depressivos, inclusive suicídios.

No mundo, segundo a Organização Mundial da Saúde, estima-se que cerca de 20% das crianças e adolescentes tenham algum distúrbio de ordem mental. Pelo menos metade dos casos são doenças e transtornos de humor, incluindo a depressão, que se manifestam antes dos 14 anos. Especialistas são unânimes em dizer que, quanto mais precoce for o diagnóstico e o início do tratamento, sem interrupções, maiores são as chances de controle e até de cura, reduzindo drasticamente o risco de suicídio.

Bem antes, Edvaldo já dava sinais leves de transtorno de déficit de atenção e hiperatividade (TDAH). O déficit de atenção se caracteriza por subdesenvolvimento e mau funcionamento de algumas regiões do cérebro, sendo considerado um dos problemas de ordem mental mais diagnosticados na infância. Estima-se que entre 5% e 10% das crianças

---

2. CAMBRICOLI, Fabiana. Mortes por depressão crescem 705%. *O Estado de S. Paulo*. Disponível em:< http://sao-paulo.estadao.com.br/noticias/geral,mortes-por-depressao-crescem-705-imp-,1545121>. Acessado em 14 de dezembro de 2017.

sejam hiperativas. O problema costuma aflorar com mais força na fase escolar.

Portadores desse transtorno podem apresentar alguns dos sintomas abaixo:

- comportamento agressivo.
- excitabilidade.
- hiperatividade.
- impulsividade.
- inquietação.
- irritabilidade ou falta de moderação.

A intensidade dos sintomas e as consequências cognitivas e comportamentais variam de um paciente para outro, dependendo da gravidade do transtorno. De modo geral, os portadores têm dificuldade de concentração, esquecimento e falta de atenção. Costumam apresentar problemas de humor, como:

- ansiedade.
- excitação.
- episódios de raiva.

Em alguns casos, raros, a situação pode evoluir para um quadro de depressão e dificuldade no aprendizado. Cerca de 40% das crianças diagnosticadas deixam de apresentar os sintomas na adolescência, quando o cérebro, com a ajuda de fatores ambientais, vai encontrando outras conexões e o caminho natural para o desenvolvimento ou adequação.

No caso de Edvaldo, o acompanhamento de especialistas e o uso de medicamentos específicos apresentaram bons resultados, acelerando a melhora no quadro de TDAH. A depressão só surgiu algum tempo depois, já na adolescência. E quando, depois de dois anos de tratamento rigoroso, os sintomas da depressão diminuíram, a família e o rapaz tiveram a sensação de que a doença havia desaparecido por completo e deixaram o acompanhamento de lado. A sensação de melhora reflete justamente a eficiência do tratamento, mas alterações de doses e suspensão de medicamentos só devem ocorrer mediante prescrição do psiquiatra.

"Foi o nosso erro", repete Valdete, hoje livre da sensação de culpa que a atormentava. Uma culpa que costuma acometer todas as mães que passam pela situação de ver o filho sofrer uma recaída. Mesmo as que não sofrem o peso de um episódio dramático como o suicídio.

Edvaldo passou um mês sem os remédios. Às vésperas da Semana Santa de 2015, foi tomado por um mal súbito. Piorou drasticamente e teve uma crise depressiva sem precedentes durante uma viagem para o sítio do tio, em Oeiras, no interior do Piauí. No meio do feriado, a distância, não conseguiram localizar o psiquiatra. A mãe deixou o restante da família e voltou às pressas com Edvaldo para Teresina, a 300 quilômetros de onde estavam. O rapaz, sentindo-se desorientado, buscou abrigo na casa do pai. E foi lá que, no dia 8 de abril, uma terça-feira, dois dias depois de voltar da viagem, perto de completar 20 anos, o estudante resolveu acabar com a dor maior do que a vontade de viver. Atirou-se pela janela do quarto, desistindo de seguir com os planos que até um mês antes o enchiam de satisfação.

"Eu estava no salão de beleza quando meu telefone tocou. Era uma pessoa desesperada, aos berros. A pessoa gritava: 'Ele pulou!'".

Foi um relato cru e histérico. Os gritos ecoaram na mente de Valdete. Não poderia ser. Fazia um esforço para não acreditar no que estava ouvindo. O apagão mental que se seguiu se encarregou de desligar todas as lembranças do dia. De uma só vez, para não ter chance de se restabelecerem pequenas conexões da memória do pior dia de sua vida.

Até da missa de sétimo dia, poucas lembranças restaram. Ela entrou num estado de subsconciência, num luto profundo. Conforme o tempo foi se arrastando, ainda alheia à realidade, Valdete passou a cometer atos falhos: "Filho, estou atrasada. Consegue buscar sua irmã na escola pra mim?". Só quando apertou a tecla Enviar é que fez conexão com a realidade. Gemeu como se tivesse descoberto só naquele instante que o filho não estava mais ali para receber a mensagem de texto que ela acabara de digitar no celular. Nem para buscar Clarice, a irmã de 2 anos. Ele não estava ali para mais nada.

Ocupar o tempo com leituras foi uma das medidas para aplacar o sofrimento. Não uma leitura qualquer. Valdete revolveu a dor para tentar a cura. Leu muito sobre suicídio, depressão, medicamentos, sobre o que deveria ter feito, o que poderia ter decidido ou confiscado para salvar a vida do filho. Mas a dor não diminuía, a culpa não cessava. Ao contrário, parecia aumentar. E do que adiantava saber tanto agora?

Chegou a uma conclusão: era hora de mudar a forma de pensar para que a própria vida não se aniquilasse. "Resolvi acabar com as perguntas, com as dúvidas, com as culpas. A informação ajuda a salvar vidas e, se posso dar algum conselho às pessoas, é: insista no tratamento. Não que isso impediria que meu filho se fosse naquele dia ou semanas, meses depois", afirma. E completa: "Só que não existiam mais explicações humanas capazes de me satisfazer. E, quando o humano se esgota, não pode mais te auxiliar, você tem que buscar ajuda na fé, no poder do tempo. Prefiro acreditar que as pessoas têm seu propósito, seu dia de chegada e partida. Com os olhos terrenos, era impossível eu continuar enxergando o futuro e até o presente".

Se pudesse dar um conselho para outros pais, Valdete diria: "Se apeguem ao agora, não percam seu tempo, aproveitem cada segundo com seu filho que cresce, sem deixar para depois. Siga sua vida, sua rotina, mas com foco no que tem valor. Definitivamente não é uma casa maior nem um carro melhor. Nada disso ajudou a me reerguer. O importante na vida é só a vida. Não deixe o carinho, a declaração para amanhã. Isso que eu digo. O que vai ficar, o que vai te sustentar não é a culpa, mas se lembrar das vezes que você acolheu, das vezes que você abraçou, que relevou, que entendeu. Toda vez que se recordar das vezes que agiu com amor, sem preconceito, sem julgamento, você vai subir um degrau. Buscar onde errou é um labirinto. A saída... Ah...

A saída é estreita, mas alarga o seu horizonte tão destruído. A única saída é o gosto daquela sensação de agora que você viveu naquele ontem, logo ali, que não volta mais".

Estatística com rosto

O mundo das estatísticas é traiçoeiro. Nem todo mundo é capaz de compreender o que querem dizer tabelas e gráficos coloridos. Nem sempre é fácil dimensionar se determinado dado representa pouco ou muito. Quando os números ganham rostos e nomes, tudo começa a fazer sentido. É mais fácil compreender o problema a partir da história de alguém ou de uma analogia que a maior parte das pessoas domina. A cada ano no mundo, cerca de 804 mil pessoas se suicidam. É como se dois terços de uma cidade como Goiânia deixassem de existir entre um Natal e outro. Os números são impactantes. Conhecer a história de um único desses personagens pode ser muito mais.

Um dos estados campeões em autoextermínio no Brasil é o Piauí. Enquanto a taxa brasileira de suicídio até 2016 era de 5,7 casos por 100 mil habitantes, a do Piauí chegava a 8,5 por 100 mil. É uma diferença vista pelos especialistas como preocupante. Em 2015, conforme dados da Secretaria de Saúde do Estado, foram registradas 603 tentativas em 75 municípios do estado.[3] Em 2016, esse número saltou para 724 tentativas em 109 municípios. Um aumento de 20% em apenas um ano. Só nos primeiros quatro meses de 2017, os dados mais recentes até a edição deste livro, foram 127 tentativas, sendo 31 só na capital, Teresina. Em quase metade dos casos, 59, a intenção de morrer foi consumada. Um dos episódios que contribuíram para aumentar as estatísticas nos últimos cinco anos foi o de Edvaldo Silva Fontenele, o filho da pedagoga Valdete. Bem mais que um número numa planilha.

---

3. SECRETARIA DE ESTADO DA SAÚDE DO PIAUÍ. Piauí cria plano de ação para prevenção do suicídio. Portal da Saúde – Secretaria de Estado do Piauí. Disponível em: <http://www.saude.pi.gov.br/noticias/2017-02-06/7786/piaui-cria-plano-de-acao-para-prevencao-do-suicidio.html>. Acessado em 14 de dezembro de 2017.

De acordo com informações da gerente de saúde mental da Secretaria de Estado da Saúde do Piauí, Gisele Martins, o governo do estado já havia solicitado uma pesquisa qualitativa à Universidade Federal do Piauí para obter uma resposta satisfatória às primeiras perguntas feitas na apuração deste livro – que são também as indagações de boa parte da população. Como se explica a média tão alta de suicídios em um estado tão caloroso e promissor? O que justificaria índices tão altos em cidades onde o sol brilha o ano inteiro? Os profissionais ainda não têm respostas satisfatórias, mas já se apressam em tomar medidas. Em agosto de 2017, foi lançado um plano de prevenção que define várias prioridades nas áreas de saúde, educação e segurança.

Um trabalho conjunto tem feito parte do projeto de contenção, mesmo com o reconhecimento de que os números divulgados continuam subnotificados. "Criamos programas que visam à qualificação de professores da rede estadual, para que saibam trabalhar o tema do suicídio juvenil", explica Gisele. "Estamos investindo também em projetos de saúde-escola voltados para a saúde mental, que envolve a Secretaria da Juventude, Esporte e Lazer. Outra iniciativa foi a inclusão de práticas interativas e complementares, como meditação e auriculoterapia em jovens do ensino fundamental." A auriculoterapia é o estímulo aplicado em pontos específicos da orelha, usado como tratamento complementar para promover o bem-estar e o equilíbrio corporal, além do combate a alguns transtornos e doenças.

A Secretaria da Saúde constatou casos de automutilações e tentativas de suicídio na rede pública e privada de ensino e adotou um manual de conduta e orientações com a ajuda do Conselho Regional de Psicologia. ONGs como o CVV, Centro Débora Mesquita e o Ambulatório PROVIDA também estão empenhados no processo de auxílio e acolhimento.

Para atender à demanda crescente, a secretaria está em processo de expansão dos Centros de Atenção Psicossocial (CAPS). As equipes de urgências psiquiátricas e Samu do Hospital Geral da capital também precisavam ser qualificadas, por conta dos atendimentos frequentes e de alta complexidade dos casos. O processo de liberação de medicamentos prescritos recebeu pedido de celeridade. O estado recorreu a parcerias com o Ministério Público e ONGs ligadas aos direitos humanos.

No Vale do Sol

Uma neblina insistente pairava sobre parte das montanhas, ocultando o sol, deixando escapar apenas uma leve silhueta amarelada. Era mais um amanhecer gelado no Sul do país. Não haveria nome mais apropriado para a bucólica região conhecida como Vale do Sol. A área foi colonizada por imigrantes alemães. E, como o sol, seus habitantes sempre se alistavam e se apresentavam cedo para as tarefas intermináveis de dias iluminados, ainda que bastante frios em algumas épocas do ano. A região das principais produtoras de tabaco do Brasil.

Com mais de 619 municípios produtores no Rio Grande do Sul, Santa Catarina e Paraná, o Sul concentra quase toda a produção nacional de fumo: 98%. São perto de 200 mil produtores. Mais de 600 mil pessoas trabalham direta ou indiretamente no ciclo produtivo do tabaco na zona rural da região, somando uma receita bruta anual de aproximadamente R$ 5 bilhões. Uma atividade econômica importante, mas de preço muito alto para a saúde pública.

Não é possível traçar uma relação direta entre a atividade econômica e um dos piores títulos que um município ou uma região pode ostentar: a de possuidora do maior índice de infelicidade per capita. E tem como medir isso? Nem sempre. Mas, a partir das frias estatísticas do Ministério da Saúde, é possível verificar que, ao contrário do que sugere a paisagem bucólica, a felicidade não é abundante como as manhãs ensolaradas da região. Mesmo sem dados científicos, os números parecem indicar que o mesmo cultivo de tabaco que assegura a sobrevivência econômica da região pode representar um indutor de distúrbios de humor entre a população.

"Do plantio à classificação do fumo até a colheita, é muito tempo de exposição aos agrotóxicos, a venenos fortes, muito trabalho, muita apreensão com o clima. Um vento mais forte, uma tempestade, e o agricultor pode perder todo o trabalho de um ano inteiro", afirma Rosiele Ludtke, uma das coordenadoras do Movimento de Pequenos Agricultores (MPA), que atua na região e em outros 200 municípios do sul e mais 19 estados brasileiros. "Tudo isso junto, associado à pressão das empresas de fumo, causa uma tensão imensa e permanente, um estado de depressão contínua entre os plantadores."

Mais do que o Piauí, o Vale do Sol e as regiões vizinhas lideram a incidência de suicídios no Brasil, com indicadores que em alguns casos se equiparam aos mais elevados do mundo. Segundo a edição de 2016 do *Mapa da violência*, a região tem uma taxa que é quase o dobro da média nacional, ultrapassando 10 casos por 100 mil habitantes (a média é de 5,7 por 100 mil). Valor próximo aos antigamente ostentados pela Suécia e pela Noruega, países europeus que se tornaram recordistas em estatísticas do gênero e que recentemente têm conseguido reverter esses números. Segundo o mesmo estudo, das 20 cidades com maior número de suicídios no país, 10 estão no Rio Grande do Sul.

"Eu queria muito levar a mãe para conhecer o mar. Mas ela sempre dizia: 'Vai você, meu filho. No próximo ano, eu vou'. E, assim, o tempo foi passando. Ela nunca foi. Só trabalhava", relembra, cheio de pesar, o agricultor Jair Butzke.

Era uma sexta-feira, por volta das 8 horas da manhã, quando policiais e oficiais de justiça, cerca de dez, chegaram com um mandado de apreensão para confiscar todo o tabaco que Eva da Silva guardava no galpão do sítio. Foi no dia 2 de fevereiro de 2007. A mesma empresa que comprava o fumo da aposentada havia 30 anos agora alegava quebra de contrato, e o juiz mandou retirar todo o estoque da propriedade.

O volume que estava sendo levado era resultado de quase um ano de trabalho e 3 hectares plantados e cultivados dia a dia. Um caminhão inteiro de fumo pronto para ser levado à indústria. Por um trâmite jurídico, Eva não poderia mais recorrer da decisão.

"Ela estava sozinha em casa, eu e minha irmã moramos num sítio ao lado, não vimos nada. Eles chegaram, ela ficou apavorada, tentou argumentar que não estava devendo, que honrava os prazos, mas eles não se importaram e continuaram carregando o fumo, fazendo o arresto. Ela então disse que iria se matar, e eles não fizeram nada pra impedir", lamenta o filho sobre a tragédia que impactou a família e todos os vizinhos da região, onde Eva era considerada um exemplo de vida.

Enquanto o galpão era esvaziado, ela se matou da mesma forma que os índios fazem na floresta. Morreu de pé, aos 62 anos, mais de 40 deles dedicados ao fumo, o motivo da morte não planejada, mas antecipada.

"A operação durou umas 12 horas, e, quando ela morreu, eles não pararam", não se conforma Jair. A família tentou pedir uma indenização pelos problemas causados pela decisão judicial, em especial pela morte da mãe, mas a Justiça negou qualquer benefício. "Eles disseram que ela tinha morrido por depressão, que tomava remédios controlados. Ela tinha momentos de depressão mesmo, tinha trabalhado muito. Mas isso não é verdade. Ela morreu mesmo foi de desgosto", retruca o filho.

Por causa do trauma e do inconformismo, ninguém mais na família quis saber das plantações do fumo. Ao contrário. Embora continuem vivendo em sítios bem perto de onde a mãe morava, os filhos e netos seguiram outros caminhos, como o de uma indústria caseira de conservas, que pode até não render tanto, mas mantém as más lembranças a certa distância e a mente protegida de qualquer tipo de contaminação – por desgosto, por conta da colheita perdida em virtude do clima, da perda da terra em grandes embates judiciais, pela contaminação pela nicotina liberada aos montes em contato com o suor dos trabalhadores e com a umidade.

Um estudo feito pela Universidade Federal de Pelotas, no Rio Grande do Sul, e publicado na revista *American Journal of Industrial*

Medicine, mostra que, em contato com a pele, a folha úmida do fumo pode liberar altas doses de nicotina e cotinina, um derivado da substância.[4] A superexposição e a contaminação podem causar a chamada doença do tabaco verde, que provoca enjoos, tonturas, fraqueza, tremores e dores de cabeça. Sintomas comumente relatados entre os fumicultores. O contato também aumenta as chances de distúrbios psicológicos, como transtornos do humor, depressão e risco de suicídio, diz o estudo. O trabalho também foi publicado na revista científica *NeuroToxicology*.[5]

"O suicídio é um mito de que ninguém quer falar, ninguém quer reconhecer. Mas não é o silêncio que resolve esse problema grave. Precisamos falar sobre isso. Em tempos de seca e de crise, os agricultores costumavam dizer: 'Se esse ano não tiver boa colheita, vou para a forca, vou para a corda', uma referência ao suicídio, e, agora, os filhos que passam por dificuldades parecidas repetem essa mesma conduta", afirma Ricardo Nogueira, psiquiatra e coordenador do Centro de Promoção da Vida e Prevenção ao Suicídio do Hospital Mãe de Deus de Porto Alegre, no Rio Grande do Sul.

---

4. FASSA, A. et al. Green tobacco sickness among tobacco farmers in southern Brazil. *American Journal of Industrial Medicine*, v. 57, n. 6, p. 726-735, jun. 2014. Disponível em: <http://onlinelibrary.wiley.com/doi/10.1002/ajim.22307/full>. Acessado em 4 de janeiro de 2018.
5. FARIA, N. M. X. et al. Occupational exposure to pesticides, nicotine and minor psychiatric disorders among tobacco farmers in Southern Brazil. *NeuroToxicology*, v. 45, p. 347-354, dez. 2014. Disponível em: <http://www.sciencedirect.com/science/article/pii/S0161813X14000837>. Acessado em 4 de janeiro de 2018.

Poucos crimes, muitas mortes

Dados do Ministério da Saúde e tabulados pelo jornal *Folha de S.Paulo* apontam que, entre 2007 e 2011, só em Venâncio Aires, no Vale do Rio Pardo, Rio Grande do Sul, ocorreram 79 suicídios. A pequena cidade, com forte influência da cultura alemã, tem pouco mais de 70 mil habitantes e cresce devagar.[6]

Apesar de o autoextermínio ser um assunto ainda velado, cerca de 10% dos leitos do principal hospital local estavam destinados à psiquiatria. Mas a vontade de mudar esse fato tem sido maior que o preconceito, e os governos municipal e estadual vêm investindo de maneira sistemática em programas de prevenção, inclusive abrindo vagas para internações. ONGs e grupos de ajuda também participam desse esforço.

"Já fui convidado várias vezes para palestras e seminários para discutir o assunto e auxiliar no programa de prevenção nessa região", relembra o psiquiatra e professor da Unicamp Neury Botega, que também é membro fundador da Associação Brasileira de Estudos e Prevenção do Suicídio (Abeps). "Eles estão realmente preocupados em reverter esses números.

---

6. BÄCHTOLD, Felipe. Rio Grande do Sul lidera estatísticas de suicídio no país. *Folha de S.Paulo*. Disponível em: <http://www1.folha.uol.com.br/cotidiano/2014/01/1397938-rio-grande-do-sul-lidera-estatisticas-de-suicidio-no-pais.shtml>. Acessado em 4 de janeiro de 2018.

A situação do Vale do Rio Pardo, o Vale do Sol, toda aquela região produtora de fumo, mostra indicadores preocupantes, bem acima dos índices nacionais."

Em Venâncio Aires, os índices de criminalidade são baixos. Na principal delegacia da cidade, no lugar de fotos de "procurados", os cartazes e panfletos são de investigações de casos de autoextermínio, que, apesar de confirmados por suspeitas, indícios e relatos da própria família da vítima, ainda precisam ser apurados até que a hipótese de homicídio e outros crimes seja totalmente descartada. Embora a situação seja mais grave e preocupante nas regiões do fumo, o perigo não se restringe às áreas de lavoura, se estende a todo o Sul do país.

"Nós sabemos que a incidência aumenta com a idade, mas nos últimos 45 anos notamos um aumento significativo do suicídio entre os mais jovens, inclusive adolescentes e até crianças. Em apenas uma década, notamos um crescimento de 60% nos suicídios de crianças e adolescentes, o que causa uma grande mobilização afetiva e impacto social. São índices estimulados por vários fatores, como o abuso sexual, a gravidez precoce e indesejada, o uso abusivo de álcool e drogas como o crack", afirma, com veemência,

Ricardo Nogueira, um dos maiores estudiosos sobre o tema no Sul do país.

"Não existe vacina para o suicídio, como existe para o HPV, mas não devemos nos acomodar. Para esse fenômeno devastador, existe o mais importante: a prevenção, e precisamos nos dedicar com afinco a isso. Sem trégua, sem se calar."

8

DOS PICOS CELESTIAIS AO ABISMO EXISTENCIAL

As desordens mentais sempre andaram lado a lado com a vontade de abreviar a vida, e os portadores de distúrbios mentais pareceram ter um alvo nas costas com bastante frequência. Foram objeto de segregação nas mais diferentes sociedades, deixados do outro lado do muro, excluídos, largados à própria sorte, na mendicância. Outros eram despachados para bem longe de casa, em trens ou navios lotados.[1]

Como no passado não havia muitas explicações convincentes, não se falava em "transtornos mentais", como se fala do câncer ou da diabetes; a doença era somente motivo de preconceito. O "louco" era um enigma que poucos estavam dispostos a decifrar e muitos, propensos a tachar. Assim, indivíduos com esses distúrbios foram e, em alguma medida, continuam sendo os "indesejáveis".

---

1. A reforma psiquiátrica brasileira e a política de saúde mental. Centro Cultural do Ministério da Saúde. Disponível em: <http://www.ccs.saude.gov.br/vpc/reforma.html>. Acessado em 25 de janeiro de 2018.

O primeiro passo importante para começar a reverter esse quadro foi dado pelo médico considerado "pai" da psiquiatria, Phillippe Pinel. Ele propôs uma forma revolucionária para o tratamento de doentes: o fim do uso de correntes para prendê-los nos manicômios. No século XVIII, Pinel criaria o modelo inicial dessa proposta rapidamente difundida pela Europa. Firmeza e gentileza no trato com os pacientes, o chamado tratamento moral, que em menos de um século seria desvirtuado com a introdução de repressão física em procedimentos como sangrias, choques e chicotadas.

Esse quadro de violência está retratado no livro *O holocausto brasileiro*, resultado do trabalho investigativo da jornalista Daniela Arbex, que denuncia com detalhes e provas documentais contundentes um dos maiores genocídios do país, a morte de 60 mil pacientes no maior hospício brasileiro, o de Barbacena, no interior de Minas Gerais. Um lugar conhecido na época como "A colônia"', no qual 70% dos internos nem sequer tinham diagnóstico de doença mental. Muitos estavam lá por serem considerados "diferentes" ou por terem caído em desgraça nas comunidades em que viviam – nem sempre por culpa deles mesmos. Eram meninas violentadas pelos patrões, grávidas, alcoólatras, homossexuais, homens e mulheres de todo tipo e de diferentes credos, cuja existência afrontava o "interesse social". Pelo menos 33 deles eram crianças. Um depósito humano, mantido pela omissão do Estado e com anuência de médicos, funcionários e da sociedade, que não diferia muito do ambiente dos campos de concentração. Uma colônia de desprezo, dor, sofrimento e morte, da qual muitos brasileiros nunca ouviram falar.

A partir de 1978, com o psiquiatra italiano Franco Basaglia, a loucura foi reconhecida como uma questão complexa, com muitas subdivisões e facetas. É possível apresentar distúrbios mentais por tristeza ou alegria em excesso, mudanças repentinas e constantes de humor ou até por formular pensamentos mais rapidamente do que os neurônios podem suportar, sob o domínio da ansiedade.

O estigma ligado à doença mental segue presente na sociedade até os dias atuais, embora se apresente em menor escala e intensidade. O termo "louco" é comumente usado pela população para se referir a indivíduos com ações e pensamentos sem sentido, comportamentos distorcidos que fogem à regra. No meio acadêmico, a palavra não é utilizada. Os transtornos mentais são considerados tratáveis e até curáveis. Já a insanidade, ligada à psicose e à esquizofrenia, nem sempre.[2] A Organização Mundial da Saúde estima que hoje, no mundo inteiro, mais de 400 milhões de pessoas sofram de transtornos mentais. E, o mais preocupante, de acordo com dados da Organização das Nações Unidas, desse total, de 75% a 85% não recebem tratamento adequado.

Atualmente, distúrbios mentais são objeto de estudos e pesquisas profundas, tratados neste século como assunto complexo e inadiável. Se a "loucura" vier associada a algum talento, conhecimento e recurso – científico ou artístico, por exemplo –, é até capaz de ostentar algum glamour, às vezes chamado de "autenticidade".

A moça agitada, criativa e incansável de hoje, um trator na empresa em que trabalha, que na intimidade se consome na insônia, se for bem-sucedida, pode até virar referência, um modelo, mesmo que parte do tempo se recolha em um estado depressivo. Se essa mesma moça com "leve" transtorno de humor tivesse nascido no início do século passado, provavelmente seria internada num hospício, principalmente se nascesse em uma família sem muitos recursos. Poderia ser uma das 60 mil vítimas de Barbacena.

Os tempos são outros. A medicina evoluiu, e os tratamentos estão mais avançados. Os médicos são mais capacitados. Na colônia da atualidade existe internet, há informação acessível a quase todos e remédio eficiente de nome complicado – como inibidores seletivos de

---

2. WALBERT, Allan. Saúde mental: transtornos atingem cerca de 23 milhões de brasileiros. *EBC*. Disponível em: <www.ebc.com.br/noticias/saude/2013/05/saude-mental-em-numeros-cerca-de-23-milhoes-de-brasileiros-passam-por U>. Acessado em 4 de janeiro de 2018.

recaptação de serotonina. Enfim, hoje em dia existe um arsenal de recursos a serviço do tratamento dos distúrbios e também boa vontade de grande parte da sociedade para tratar, compreender e aceitar os "diferentes". Mesmo assim, transtornos mentais de qualquer ordem ainda representam um alto custo para seus portadores.

Um dos estudos mais completos feito até 2017 sobre o autoextermínio no mundo, o *Preveting suicide: a global imperative*, da Organização Mundial da Saúde, de 2014, revela que problemas dessa natureza guardam estreita relação com o suicídio, inclusive o juvenil.

Quero que meu passarinho voe

Os longos cabelos rastafári, volumosos e presos num coque alto, desenhavam uma bela silhueta no pôr do sol. Aos 16 anos, Ana, no auge da juventude, combinava com aquele penteado moderno, com aquele momento tão iluminado do dia. A alegria da estudante reunia grupos em torno de si e de seu violão por horas seguidas.

Ana sempre teve em mente que queria fazer um curso na área de humanas. Sempre gostou de gente, vivia acompanhada. O mais comum era se deslocar em pequenos bandos barulhentos. Divertia-se com a presença das pessoas. Talvez tentasse a faculdade de Ciências Sociais; quem sabe Direito ou Geografia?

No primeiro ano do colégio, prestes a completar 15 anos, não precisava se afobar. Ainda tinha um tempinho para decidir: havia começado um curso técnico, e estava gostando. Tudo se desenrolava dentro do script, dos planos naturalmente traçados. A menina ganhou um baile de debutante com todos os debruns e valsas para comemorar a data tão especial. Era uma tradição de família, um rito de passagem social muito comum.

"Ela era muito alegre, feliz, comunicativa. Como ela mesma diz, foi amada por tudo e por todos", relembra a mãe, agora enfraquecida por uma batalha vigorosa e quase fatal. O comportamento jovial, no entanto, não é suficiente para uma avaliação precisa em casos assim, alerta o psiquiatra Neury Botega: "Não existe perfil suicida. O que existem são fatores de risco". E isso dificulta ainda mais que as famílias percebam os sinais, muitas vezes sutis, confundidos com as crises habituais da adolescência.

Tudo começou de forma imperceptível. Pequenos abalos que culminaram em um grande terremoto. Renata, a mãe, após o divórcio, resolveu se mudar para o outro lado da cidade, tanto por questões financeiras como para ficar mais perto dos pais, já idosos.

Mãe e filha então saíram da zona norte para a zona leste de São Paulo, para uma casa com uma ampla garagem. Uma escada curta dava acesso à sala e à cozinha. Na parte de cima do sobrado, na laje, um terraço com vista para uma vila de casas parecidas. E ainda havia um amplo espaço para as plantas, frequentemente destruídas pela cachorra de estimação. Desde que a dona adoeceu, o animal vive agitado e precisa ser contido com correntes.

Ficar todos na mesma casa parecia resolver muitas dificuldades de uma só vez: gerar economia, multiplicar sentimentos positivos, promover muitos benefícios. Dividir a vida, compartilhar de tudo um pouco, se encontrar com aqueles que se ama com frequência em dias tão corridos como os de hoje seria mesmo um conforto para a comerciante Renata. Até que enfim ela e Ana não precisariam mais atravessar a cidade para ver os parentes queridos, degustar os bolos robustos e perfumados, sempre acompanhados por um café recém-coado, os aromas da casa dos avós.

Foi o avô quem percebeu primeiro, durante as férias de 2015, que algo não se encaixava. "Meu avô achava muito estranho. Eu só dormia. Acordava sonolenta e voltava para a cama. Mesmo quando não estava sonolenta, só queria dormir. Um dia, meu avô disse para minha mãe: 'Isso não é normal, gente, essa menina dorme demais. Leva no médico'."

O pedido não foi atendido prontamente. Poderia ser só uma fase. Coisa da adolescência. O melhor era aproveitar o sono enquanto podia, já que logo ali, na vida adulta, o jogo é bruto, o tempo é curto, a conta chega.

Quando encontrei Ana pela primeira vez, em abril de 2017, resolvi sair do estúdio da Record TV bem mais cedo, preocupada com o trânsito intenso do dia. Tão cedo que, ao chegar ao local da entrevista previamente marcada, não havia ninguém em casa. Eu e a equipe esperamos a chegada de Renata e de Ana. Já era início de noite. Minha surpresa quando elas chegaram foi ver as feições aparentemente tranquilas de Ana. Ela parecia tão bem. Não indicava nenhum sinal de ser a mesma jovem da incrível e triste história que a reportagem pretendia contar. Seria uma irmã mais nova?

O bom aspecto de Ana me lembrou de novo a conversa que tive com o psiquiatra Neury Botega, na qual ele explicou por que a aparência não é suficiente para uma avaliação precisa em casos assim. "Não existe perfil, não tem cara, não se descobre olhando no rosto. O que existem são fatores de risco" é a frase recorrente de Botega. Também me lembrou meu avô, goiano do interior, que costumava dizer: "Quem vê cara não vê coração".

Havia muitos dias que a produtora Norma Pocker vinha conversando com a mãe, explicando os motivos pelos quais deveria compartilhar sua experiência tão traumática, como poderia ser útil se expor diante de um tema tão delicado, ajudar outras pessoas que passam por dificuldades parecidas. Ela poderia, por exemplo, mostrar, a partir de sua experiência, como detectar sinais da ideação suicida, mesmo diante de evidências bastante sutis.

Depois de muita conversa, Renata generosamente concordou com a entrevista. O rosto de Ana, ainda menor de idade, não seria revelado, para preservá-la.

Ana tem fala mansa e, em plena juventude, transparecia equilíbrio e inteligência acentuados. Uma moça cortês e educada. Quando se movia, lembrava uma modelo afrodescendente de ombros projetados para o alto, como se equilibrasse livros na cabeça. A única alteração percebida é que arrastava levemente uma das pernas. Havia se machucado num jogo do colégio semanas antes. Ama esportes, música e internet. Recebeu-me com um grande abraço e um sorriso largo. Sorri de volta, como que por imitação. Não era o que eu esperava ver. Será que ela estava curada? Não! Suicídio não é doença. Antes fosse; assim, provavelmente, teria remédio. Ainda não tem.

A empatia entre repórter e entrevistado é uma das coisas mais importantes, se não a mais importante, em uma entrevista. O jornalista jamais deve prometer o que não pode cumprir, fingir estar comovido ou demonstrar o que não sente. Não pode estimular a fraqueza alheia. Não deve, por vaidade, parecer inteligente demais. O que importa é a resposta do entrevistado. Entrevista boa é quando o entrevistado, mais do que dar boas declarações, mostra a alma. Mas, para isso, antes, ele precisa enxergar a do entrevistador.

Durante a conversa, esqueci que estava gravando. Todos se esqueceram. Menos o cinegrafista, Edgar Luchetta, que registrou com maestria cada imagem, cada sopro, cada palavra, cada sussurro engolidor de sílabas. Para ocultar o rosto de Ana, caprichou na silhueta da menina e pintou a sala noturna da casa de um amarelo vivo que evoluía para um avermelhado discreto, como se um pôr do sol exclusivo na noite de sexta-feira adormecesse vagaroso entre nós.

Um pássaro no casulo da depressão

Em janeiro de 2016, Renata foi chamada às pressas. Saiu do trabalho direto para o hospital. A filha, que nunca havia bebido, estava em coma alcóolico, internada em uma Unidade de Terapia Intensiva, com quadro de saúde complexo e delicado.

"Para mim, o alerta só se acendeu quando vi minha filha em coma, quando fiquei sabendo que ela tinha bebido. Aí a ficha caiu. Havia mesmo algo errado. Gente, eu tenho uma filha adolescente, que era feliz, fizemos uma bela festa de 15 anos e de lá para cá tudo desmoronou", conta Renata. "Eu falava: 'Minha filha vai crescer, sempre rodeada de amigos, vai ter suas preferências, suas escolhas, fazer uma faculdade'. Pensava: 'Meu belo passarinho um dia vai voar e eu quero que ele voe, que tenha livre-arbítrio'. E agora? No auge da vida, ela está mais dependente que nunca. Não posso deixá-la sozinha. Tenho medo. Tenho medo de cada reação, de cada mudança de humor, de cada pensamento", desabafa, aos prantos.

Renata se lembra de tudo um pouco, em flashes. "Foi muito triste vê-la ali na minha frente, entubada, numa UTI. Nunca bebi, o pai nunca bebeu, ela nunca havia bebido." Ainda no hospital, a mãe descobriu as mutilações, pequenas, e as muitas queimaduras pelo corpo. O método, inusitado, Ana aprendeu sem muita dificuldade em tutoriais na internet. E ela mesma adverte sobre os riscos dessa prática desastrosa. "A internet tem seu valor, mas ao mesmo tempo é um grande inimigo de pessoas nesse estado. Quando você está bem, busca coisas alegres e fica contente com as descobertas. Mas, quando está mal, também descobre muita coisa ruim, que te destrói ainda mais. A minha perna está cheia de cicatrizes por causa disso", lamenta a jovem.

Renata lembra o momento em que decidiu dar um basta. "Quando vi as mutilações, pensei: 'Agora chega!'. Não se trata de adolescência, nem de uma fase passageira, ela precisa mesmo de ajuda. Não posso mais ser conivente com tudo isso, me omitir, fechar os olhos." Em seguida, procurou especialistas. Primeiro, um neurologista. Depois, um psiquiatra, um terapeuta. O primeiro diagnóstico foi de depressão.

"Eu realmente sentia uma tristeza profunda que era anormal para mim", lembra a jovem. "Eu queria dormir para desligar o mundo, o meu mundo. Dormia, acordava e queria dormir de novo. Não queria falar com ninguém, não queria receber ninguém. O barulho da conversa das pessoas começou a me irritar demais. Eu tinha vergonha de sentir aquilo, mas sentia, tentava me afastar das pessoas para não ouvir o que elas diziam, me trancava no quarto." Ela se recorda de que isso se repetiu muitas vezes, até chegar ao completo isolamento social.

Mesmo com o uso de antidepressivos, Ana tentou se matar, usando os próprios recursos oferecidos pela medicina: exagerou, propositalmente, na dose dos medicamentos usados para tentar curá-la.

Os médicos acharam aconselhável, por precaução, uma internação provisória. A menina se desesperou. Prometeu que iria se empenhar, como se isso fosse possível. A mãe não teve coragem de ver seu passarinho confinado e recusou a sugestão, mas manteve a vigilância e o auxílio. Veio o diagnóstico de bipolaridade, o transtorno do humor que oscila momentos de depressão e manias, agitação, euforia. Em menos de três meses, foram três tentativas de suicídio. A última em setembro de 2016.

"Não é um dia isolado que faz a diferença. Depende da situação. Eu não acordei e pensei: 'Hoje eu vou me matar'. São pequenas coisas que vão se arrastando no dia a dia", recorda Ana. "Parece que você perde a força física, emocional, não tem energia para mais nada, apesar de tentar. Depois, nem tenta, se entrega. Aí você vê à sua volta e percebe todo o sofrimento que está causando para as pessoas que você mais ama, você vê sua família tendo gastos que não poderia ter com você, muitas despesas com hospital. Eles tentavam me entender, a todo momento eram compreensivos, carinhosos, e, a cada dia, mais culpada e impotente eu me sentia."

A segunda e terceira tentativas ocorreram ainda no hospital, e obrigaram a mãe a tomar uma das decisões mais difíceis de sua vida. Teve que aceitar e autorizar a internação temporária de Ana numa clínica psiquiátrica. Seu depoimento dá uma ideia do desespero e da dor que o problema da filha lhe causou: "Eu respirei fundo e pensei: 'Não posso permitir que ela tente de novo. E se ela conseguir?'. Aí ela me pediu três vezes para que eu não deixasse ninguém amarrá-la. Eu prometi. Ela ficou extremamente agressiva. Na clínica, teve uma crise muito forte. Quebrou e esmurrou móveis, se machucou, agrediu quem tentou ajudar. Então...". Renata faz uma pausa. Não consegue prosseguir. "Então tive que descumprir minha promessa. E ela teve que ser contida, amarrada. Como um bicho. Um bicho acuado, amedrontado e violento. É desesperador, não tem como descrever essa situação. Eu olhava aquilo tudo e pensava: 'Meu Deus, essa não é minha menina, minha princesa, essa não pode ser minha filha. Minha menina não é assim'. Você se sente muito culpado. Eu não sabia de nada disso. Não sabia quase nada de depressão, bipolaridade, mutilação e suicídio. Precisava ter procurado saber disso antes. Não consigo me livrar dessa culpa, desse remorso. Os pais não estão preparados, a escola não está preparada, a sociedade não está preparada para isso. Aí você entra em outro mundo e percebe que centenas de pessoas estão passando pelo mesmo problema. Onde as pessoas estão que não veem isso? E muito disso está ali na internet para quem quiser ver, para quem quiser fazer... Ensina-se a fazer. É muito assustador. O que passou não tem volta, mas quero um futuro para nós, quero a nossa vida de volta. É normal um jovem ter dúvidas, ter dilemas, não saber qual faculdade cursar. Mas é preciso ter sonho, é preciso planejar. Eu não vejo isso. Minha filha não tem vontade de levantar da cama, ela não tem vontade de viver. É muito triste. A vida é tão bela e é tão curta. E ela, a Ana, é tão linda também. É normal viver momentos tristes, mas eles precisam passar. A vida não pode ser um sono de mentira para esconder a tristeza. Eu quero que ela viva! Quero que o meu passarinho voe."

E o passarinho quer voar. "Sabe todos aqueles amigos que eu tive? Pois é. Quase todos sumiram. Alguns, que eu nem esperava, me acolheram, foram me visitar na clínica, vêm aqui me ver. Mas ela [a mãe] não me deixou sozinha em nenhum momento, jamais me abandonou, nem para comprar fruta quando eu estava internada. É por ela que eu queria viver. Por isso, eu queria ser feliz de novo."

O desejo de voltar a ser feliz poderia ser um indício de que Ana está curada? Infelizmente, não. Repetindo: suicídio não é doença. Até a publicação deste livro, Ana seguia acolhida de perto pelo carinho incansável e pela dedicação da mãe, sendo medicada com remédios fortes, várias vezes ao dia, esforçando-se para não dormir nas aulas da escola técnica. Nos dias melhores, quando se sente menos indisposta, se encontra com as colegas de turma para praticar um esporte coletivo. Em especial, basquete, handebol ou vôlei. Um dia por vez, esforçando-se para acreditar que como num encanto, numa mágica, o sol de amanhã possa dissipar a escuridão e o vazio do agora. De uma vez e para sempre. E que a alegria sem motivo possa preencher a casa vazia do sorrir.

Bipolaridade: na corda bamba do humor extremo[4]

Até um passado recente, a bipolaridade era reconhecida como a síndrome maníaco-depressiva, mas passou a ser diagnosticada como transtorno do humor. Atingindo cerca de 1% da população mundial, caracteriza-se por mudanças acentuadas do humor, com crises que oscilam entre a depressão e a euforia. Nos episódios de euforia, o paciente demonstra alegria excessiva, fica mais sociável, agitado, ativo, confiante, com sensação de onipotência e com aceleração psíquica, capaz de causar irritabilidade e compulsões.

As crises podem levar ao isolamento e à tristeza profunda e provocar pensamentos de morte. Podem surgir nos pacientes com frequência e intensidade variadas. Em alguns casos, o paciente necessita de internação para diminuir os

---

3. NARDI, Antonio E. Transtorno bipolar. *Academia Nacional de Medicina*. Disponível em: <http://www.anm.org.br/conteudo_view.asp?id=2426&descricao=TRANSTORNO+BIPOLAR>. Acessado em 15 de dezembro de 2017;
FILHO, Valentim G. Transtorno bipolar. *Drauzio*. Disponível em: <https://drauziovarella.com.br/doencas-e-sintomas/transtorno-bipolar/>. Acessado em 15 de dezembro de 2017.

riscos decorrentes de suas variações de humor. Essas variações de humor podem conduzir o paciente à agressão contra outras pessoas ou a si mesmo, incluindo o suicídio.

As causas mais associadas ao surgimento da doença, que pode ocorrer em qualquer fase da vida, estão ligadas a fatores genéticos e biológicos, como alterações químicas no cérebro. A personalidade do paciente e circunstâncias externas como pressão e o estresse constantes podem interferir na frequência das crises. Não existe tratamento específico, mas o controle é possível com medicamentos estabilizadores do humor, antipsicóticos e antidepressivos. Acompanhamento psicológico e apoio familiar são indispensáveis.

BULLYING, A AMEAÇA AOS MENINOS DE CRISTAL

O sinal agudo que anunciava o intervalo, o último do período matutino, no Colégio Goyases, em Goiânia, soou alto. Era dia 20 de outubro de 2017, 11h50. Os alunos deixavam as carteiras rumo ao corredor. A maioria já estava do lado de fora quando um estampido reverberou pela sala de aula, logo seguido de outros. O barulho vinha lá do fundo. As paredes funcionaram como um imenso amplificador, tornando ainda mais assustador o som de uma tragédia jamais presumida no ambiente escolar.

Eram disparos efetuados por um aluno de 14 anos, armado com uma pistola .40. A arma pertencia à mãe do estudante, uma policial militar. O pai, também policial, é major da PM de Goiás. Em menos de um minuto, os tiros atingiram seis estudantes do oitavo ano do ensino fundamental. Dois deles, João Vítor Gomes e João Pedro Calembo, ambos com 13 anos, morreram no local. Os outros quatro, três meninas e um menino, tiveram ferimentos graves.

Depois de descarregar a arma, o autor dos disparos se preparava para recarregá-la e retomar o ataque quando foi impedido por uma das coordenadoras da escola. Num misto de instinto, reflexo e coragem, ela alcançou as mãos do garoto e o impediu de prosseguir com aquele gesto insano, que mais se assemelhava a um trailer de filme, ao desfecho de um game violento.

Os momentos seguintes ao massacre do oitavo ano e todos os demais continuaram sendo regidos por um estado de choque e pânico. O estudante foi apreendido e levado à Delegacia de Apuração de Atos Infracionais (Depai), e depois submetido a um exame de corpo de delito. Os corpos das vítimas deixaram o colégio no carro do Instituto Médico Legal às 16h40. Os portões foram fechados por luto. A ação do estudante surpreendeu todo o colégio. Nenhum aluno ou professor jamais esperava por aquilo.

O episódio do Goyases, colégio de classe média do bairro Riviera, na capital goiana, chocou não só parentes das vítimas e pais de alunos. Deixou perplexa a cidade grande que faz questão de manter um estilo de vida mais pacato, protegido em arborizados bairros de ruas largas e grandes jardins.

Poucas horas depois do incidente, o coronel da Polícia Militar Anésio Barbosa da Cruz declarou à imprensa que o garoto responsável pelo ataque possivelmente havia sido vítima de bullying. Uma versão reforçada por vários depoimentos prestados na última semana de outubro, quando vários colegas de turma confirmaram que o menino era vítima constante de chacota, sendo chamado com insistência de "fedorento". Numa das ocasiões, os colegas teriam dado de presente a ele um desodorante, insinuando problemas com sua higiene.

Os dias que vieram depois do luto foram uma extensão do pavor presenciado por poucos no Colégio Goyases e acompanhado por muitos brasileiros pela TV, sites e jornais. Uma tragédia vivenciada de forma intensa e dolorosa por todos os lados. O do agressor, o das vítimas e o da plateia embasbacada. Enquanto ainda choravam seus filhos mortos e feridos, as famílias das vítimas sofriam ataques nas redes sociais. Desconhecidos não economizavam julgamentos e ofensas, acusavam e responsabilizavam as vítimas por um bullying cruel e insistente, capaz de levar ao ataque de fúria. Os pais do atirador pediam nos noticiários para que as pessoas não julgassem seu filho por uma reação impensada e insana.

Um surto isolado ou comportamentos mais corriqueiros e ameaçadores do que a atenção contabiliza? Basta uma breve pesquisa de fatos e relatos, uma leve retrospectiva nos noticiários para refrescar a memória e notar que não se trata de exceção. São muitos os casos.

Os episódios de bullying no ambiente escolar, históricos de violência física e moral, insultos e atos de preconceito e desrespeito, além de prejuízos ao aprendizado, aumentam os riscos de violência no ambiente escolar. Agressões mútuas entre alunos, contra professores, autoagressões. Qual seria a relação entre casos como o de Goiânia e tantos outros, envolvendo atos explosivos de violência, agressões, automutilações e até suicídio, com o bullying? Não é possível precisar em números, mas, em muitos desses casos, o bullying e suas perseguições perversas e continuadas podem servir como gatilho ou agravante.

Estudos, pesquisas e levantamentos feitos por vários profissionais das mais variadas áreas e universidades do Brasil e, principalmente, do exterior mostram que a relação é estreita. Em 2008, a Universidade de Yale, nos Estados Unidos, analisou 37 pesquisas realizadas em vários países do mundo apontando o bullying insistente como uma das principais causas ou agravante poderoso do suicídio infantil e juvenil.

A vítima tende a dois caminhos extremos: explode, gerando violência, em alguns casos com mortes, ou implode, aumentando as estatísticas do suicídio. O bullying e seus impactos, de acordo com os pesquisadores de Yale, são os principais responsáveis por cerca de 19 mil tentativas de suicídio a cada ano nos Estados Unidos.

De acordo com a pesquisa, entre as vítimas de bullying violento e contínuo, 19% dos alunos entrevistados já tinham pensado em se matar; 15% chegaram a traçar estratégias para isso; 8,8% executaram planos suicidas e foram impedidos por amigos ou parentes. Em 2,6% dos casos, as tentativas foram mais sérias e contundentes, a ponto de exigir intervenções médicas ou acompanhamento clínico de forma contínua. Esses atos extremos motivaram a criação do termo "bullycídio", usado por alguns especialistas brasileiros. O termo é a fusão das palavras "bullying" e "suicídio".

Meninos ansiosos

Já fazia tempo que o filho de Isabel dos Santos vinha reclamando da escola. O garoto de 13 anos era estudioso, aplicado, gostava de prestar atenção às aulas do sexto ano em uma escola municipal de Realengo, na zona oeste do Rio de Janeiro. Por isso, recebeu de alguns colegas de sala vários apelidos que o constrangiam. Os mais comuns, "CDF" e "Mariquinha", eram ditos aos gritos diante de uma grande plateia sorridente e barulhenta e o deixavam triste, chateado, impotente.

"Ele sempre foi um menino aplicado, estudioso, só tirava notas boas, não gostava de faltar às aulas. Ele se destacava, e eu acho que isso foi despertando a raiva de alguns colegas. Ele não era bem-visto, não era tão popular. Meu filho ficava muito incomodado quando se referiam a ele com apelidos pejorativos e preconceituosos", declarou Isabel à Record TV na época, maio de 2011.

No dia 10, uma sexta-feira, os colegas se excederam. Além dos xingamentos, houve agressão física. Chegaram a rasgar a camiseta de Luiz.[1] O garoto, que morava com o pai e a avó no mesmo bairro da escola, naquele dia voltou para casa aos prantos, desesperado e inconformado. Para não acirrar a raiva dos oponentes, costumava não reagir. Mas naquele dia o excesso o fez perder o controle. Chegara a hora de acabar de vez com o problema.

Como não conseguia enfrentar os agressores sozinho, tentou acabar com a própria vida se entupindo com os remédios controlados da avó.

---
1. Nome fictício.

Na hora, o pai estava trabalhando, a avó tinha dado uma saída rápida, e ele percorreu o ritual do suicídio da mesma forma que se sentia na escola: sozinho. Os medicamentos, inadequados para a idade e em dose excessiva, causaram muitas convulsões e paradas cardíacas. Luiz foi internado em estado grave na Unidade de Terapia Intensiva de um hospital particular.

"Recebi um telefonema da minha irmã dizendo que ele estava na UTI. Naquele momento, tive a pior sensação que uma pessoa pode ter. Vi meu mundo desabar sobre a minha cabeça, perdi o chão", desabafa Isabel.

Outras mães se uniram a ela, denunciando episódios de agressão parecidos com seus filhos. Foi também em Realengo que, um mês antes, no dia 7 de abril de 2011, um ex-aluno da Escola Municipal Tasso da Silveira invadiu o colégio armado com dois revólveres e abriu fogo contra todos os estudantes que encontrou pela frente.

Wellington Menezes de Oliveira, de 23 anos, matou 11 crianças e adolescentes (10 meninas e 1 menino) e deixou outros 13 feridos. Depois dos disparos, foi atingido por um policial militar e se matou. Em uma reportagem produzida no dia do ataque, Bruno Linhares, também com 23 anos na época, ex-aluno e ex-colega do atirador naquela escola, disse que Wellington sempre fora motivo de chacota. A personalidade fechada, introspectiva, e o jeito calado rendiam muitos apelidos e intimidações constantes.

Alguns estudantes chegaram a apelidar Wellington de "Sherman", referência ao famoso nerd interpretado pelo ator Chris Owen na franquia de filmes *American Pie*. Outro apelido frequente era "Suingue", porque o garoto mancava. Bruno contou no dia da invasão que certa vez um colega bateu nas costas de Wellington e disse: "Cara, você é muito louco. A gente tem medo de você. Um dia, você ainda vai matar muita gente".

Os números da perseguição

No primeiro semestre de 2017, o Programa Internacional de Avaliação de Estudantes (Pisa) publicou vasto material sobre o bem-estar de estudantes brasileiros. Os resultados são impressionantes, porque oficializam o que já se suspeitava havia tempos e até mesmo se ouvia de pais de alunos, professores, educadores ou dos próprios estudantes nos corredores de escolas públicas e particulares do Brasil: um em cada dez estudantes relatou ser vítima de bullying.[2]

Não se trata de uma curtição ocasional de um colega de turma ou uma piada de algum gozador, situações que de forma esporádica fazem parte do ambiente escolar e do desenvolvimento e adaptação em grupo, em sociedade. A pesquisa, realizada apenas com alunos de 15 anos matriculados na rede pública e privada do país, considerou aqueles que sofrem agressões físicas e morais, perseguição psicológica e são alvos constantes de chacotas, boatos maldosos e preconceituosos, além de exclusão ou segregação por parte dos colegas.

No Brasil, 17,5% dos alunos declararam sofrer algum tipo de bullying algumas vezes por mês; 7,8% disseram se sentir excluídos pelos colegas; 9,3% se incluem entre o alvo das piadas; 4,1% contaram aos pesquisadores que se sentem ameaçados fisicamente; 3,2% relataram já ter sido empurrados e agredidos.

O levantamento também mostrou que 5,3% dos adolescentes costumam ter seus pertences escolares danificados ou destruídos de forma proposital por alguns colegas com frequência. Os rumores maldosos, as fofocas, atingem 7,9% dos matriculados. Já 9% dos estudantes se declararam vítimas permanentes de todo tipo de agressão, ameaça ou assédio moral, colocando-se no topo da lista como os mais expostos e os mais atingidos pelo bullying.

---

2. TOKARNIA, Mariana. Um em cada dez estudantes no Brasil é vítima frequente de bullying. *EBC*. Disponível em: <http://agenciabrasil.ebc.com.br/educacao/noticia/2017-04/um-em-cada-dez-estudantes-no-brasil-e-vitima-frequente-de-bullying>. Acessado em 4 de janeiro de 2018.
ORGANIZAÇÃO PARA A COOPERAÇÃO E O DESENVOLVIMENTO ECONÔMICO. Most teenagers happy with their lives but schoolwork anxiety and bullying an issue. *OECD*. Disponível em: <http://www.oecd.org/newsroom/most-teenagers-happy-with-their-lives-but-schoolwork-anxiety-and-bullying-an-issue.htm>. Acessado em 4 de janeiro de 2018.

Além do Brasil, a pesquisa também foi feita em outros 71 países. A avaliação aplicada pela Organização para Cooperação e Desenvolvimento Econômico (OCDE) para o Pisa ouviu 540 mil alunos de 15 anos, que, por amostragem, representam o pensamento e o sentimento de pelo menos 29 milhões de estudantes.

O que mais impressiona é que o Brasil não é o único nem o pior quando o tema é o bullying. No ranking de países, o Brasil aparece como o 43º da lista. Nas demais nações, a média de estudantes vítimas de bullying é de 18,7% (vítimas com mais de uma ocorrência por mês, sendo 8,9% com grande frequência). Quando o assunto é bem-estar no ambiente escolar, esses indicadores são de extrema relevância no entendimento e promoção de políticas e metodologias de combate a esse tipo de comportamento dentro e fora das salas de aula.

O estudo mostra que o bullying traz muitos prejuízos ao aprendizado. Tanto o agressor quanto a vítima estão mais propensos a faltar às aulas e ter pior desempenho na vida escolar do que os demais colegas. O estudo também revela e alerta que os danos vão bem além do desempenho educacional. Adolescentes posicionados em algum lado dessa prática têm mais chances de desenvolver ansiedade, depressão e perda de interesse por várias atividades.

Outro dado que chamou a atenção dos pesquisadores é que, apesar de 76,1% dos estudantes brasileiros se sentirem inseridos, fazendo parte da escola, de uma maneira ainda mais intensa eles também se consideram ansiosos. Independente do preparo e aprendizado nas disciplinas e para as provas e avaliações pertinentes ao programa educacional, 80,8% declararam ter sintomas de ansiedade. A média mundial entre os países da OCDE é 55,5% de alunos ansiosos. Nesse quesito, o Brasil só perde, e por muito pouco, para a Costa Rica, que ocupa o topo da lista: 81,2% de seus estudantes de 15 anos se declararam ansiosos.

O estudo do Pisa revelou que professores e pais exercem papel importante no bem-estar dos estudantes. Quem tem pais presentes e professores preparados tem 2,5 vezes mais chances de ter boas notas e de se sentir satisfeito com a vida.

Identificando o bullying: vítimas, agressores e plateia

- No Brasil, o local de maior incidência de bullying é a escola. Estudos do IBGE apontam Brasília como a capital do bullying (35,6%), seguida por Belo Horizonte (35,3%) e Curitiba (35,2%).[3]
- O bullying atinge todas as classes sociais, estando presente em escolas públicas e privadas.
- Em muitas circunstâncias, o aluno que pratica bullying é vítima de violência e agressões em casa e quer humilhar os colegas, "descontar" neles para se sentir poderoso e esconder fraquezas e derrotas pessoais.
- Muitas vezes, o praticante do bullying quer ser popular, se sentir o centro das atenções a partir da exposição dos mais vulneráveis.
- O bullying costuma ter espectadores, uma espécie de plateia que normalmente não sai em defesa da vítima, mesmo que não participe das agressões de forma direta.

---

3. Pesquisa do IBGE aponta Brasília como campeã de bullying. *G1*. Disponível em: <http://g1.globo.com/brasil/noticia/2010/06/pesquisa-do-ibge-aponta-brasilia-como-campea-de-bullying.html>. Acessado em 4 de janeiro de 2018.

- O que faz com que a vítima se sinta isolada e excluída.
- Entre as vítimas, tem aquelas que se calam, não denunciam a prática aos pais, e aquelas que têm crises de ansiedade, explosões e rompantes de agressividade.
- Em casos mais severos, o bullying pode levar à mutilação e ao suicídio.
- O bullying feito através de meios digitais, como redes sociais e WhatsApp, é chamado de cyberbullying. Esse tipo de perseguição tem ganhado força na atualidade por conta da rápida veiculação de conteúdos, alguns extremamente impróprios, podendo levar a vítima à exposição extrema, ao sofrimento profundo e ao suicídio.
- As escolas devem elaborar programas de prevenção, além da reabilitação e combate às práticas de violência escolar, seja contra alunos, professores ou funcionários. O que nem sempre acontece.
- Exemplos e conceitos da educação em família costumam acompanhar o adolescente, independente do ambiente em que esteja inserido.

Consequências silenciosas do bullying

Normalmente, o agressor é visto pela turma como o aluno poderoso, popular; não que ele seja admirado, amado, querido. Ele é apenas "respeitado" ou temido. Para seus supostos admiradores, é melhor ser protegido, pertencer ao grupo. É comum também aos intimidadores a demonstração e o exibicionismo da força física aliada ao poder de manipulação.

As vítimas, na maioria das vezes, são escolhidas a dedo, de forma tendenciosa: crianças e adolescentes mais vulneráveis. Por várias razões: socioeconômicas, baixa autoestima, características físicas que sobressaem ou dificuldade no aprendizado. Ou até mesmo por habilidades que se destacam e são invejadas: "A menina novata é bonita demais", "O adolescente que veio do Sul é estudioso e aplicado em excesso" ou ainda "O cara mal chegou e já quer ficar tocando violão no recreio, precisa respeitar o nosso espaço!". Neste último exemplo, a presença de vítima, agressor e plateia colabora para montar o palco perfeito para a prática perversa.

Com mais de dez anos dedicados ao estudo e ao tratamento da automutilação, a psiquiatra Jackeline Giusti é uma das profissionais mais qualificadas para explicar a relação entre esse problema e o bullying. Ela revela que, por volta de 2005, quando atuava no Ambulatório de Transtornos Múltiplos do Hospital das Clínicas de São Paulo (Amiti), havia pouquíssimos dados sobre automutilação à disposição. A maioria das informações vinha de amostragens catalogadas em pesquisas e artigos científicos dos Estados Unidos e Europa.

"Não tinha quase nada, tudo ainda era muito desconhecido. E, ao mesmo tempo, eu ficava impressionada com a gravidade das lesões que apareciam por lá, fruto da severidade da automutilação não diagnosticada e não tratada no início. Eu observava o tamanho da desinformação e as consequências do transtorno", relembra. "Naquela época, essas pessoas não vinham até os médicos. A gente precisava encontrá-las. Elas achavam que só elas se agrediam, que só elas se cortavam. Um dia, uma mulher chegou para mim e disse: 'Doutora, então quer dizer que tem outras pessoas no mundo com isso? Que sentem o que eu sinto?'."

Em outro caso emblemático, a família descobriu a automutilação numa dona de casa de 32 anos, achou aquilo inacreditável e procurou ajuda médica. Um dia, bem no início do tratamento, a mulher chegou chorando ao consultório. Depois da descoberta do transtorno, o filho adolescente estava fugindo da mãe, tinha medo de que ela o ferisse de madrugada, o cortasse também. A família foi chamada e esclarecida de que, nesses casos, o paciente só provoca lesões em si mesmo, apenas se agride, sem fazer mal a ninguém. Fisicamente, pelo menos.

Em 2005, Jackeline Giusti pesquisou 70 pacientes, entre os quais 40 adultos praticantes da automutilação e os demais com Transtorno Obsessivo Compulsivo (TOC). A média de idade dos pacientes era de 29 anos. De acordo com estudos de universidades europeias e americanas, a idade média em que o transtorno surge é por volta de 13 ou 14 anos. Mas já foram diagnosticados transtornos ainda na infância, mais raros, por volta dos 8 anos de idade. Junto com a informação, também vieram os números de casos, que vão crescendo de proporção.

A psiquiatra é enfática ao dizer que isso não pode ser considerado um ato comum, um comportamento normal da adolescência. "Isso tem que ficar muito claro. Acontece com certa frequência em escolas públicas e particulares. Já ouvi relatos de que em alguns casos é feito em pequenos grupos no banheiro da própria escola, mas isso não reflete o comportamento-padrão", explica a médica. "Normalmente, os mutiladores sofrem de um transtorno, agem sozinhos e escondem as marcas. Quando são descobertos, reduzem a dose de sacrifício, porque só de serem vistos já se sentem acolhidos, mesmo que a família proteste, não concorde com a prática e busque ajuda. Qualquer gesto que mostre que você se preocupa com aquela pessoa é melhor do que a indiferença", reforça.

No caso de pessoas que desenvolveram o transtorno ao longo da vida, a tese de Jackeline mostrou que a mutilação chegava depois de outras compulsões, como o consumo elevado de álcool e drogas. Então, mesmo sem ter o transtorno, um aluno pode se tornar um automutilador em virtude da perseguição, do preconceito, do bullying de outros colegas? Nesta entrevista, a psiquiatra esclarece:

Jackeline Giusti: Isso já é comprovado. Um dos grandes fatores de risco para desenvolver a automutilação é o bullying. Tem uma grande porcentagem de pacientes aqui do consultório que veio fazer o tratamento para automutilação por causa da perseguição dos colegas e da dificuldade de relacionamento, especialmente na escola. Aqui no consultório, eu diria que 80% dos pacientes têm esse problema associado, o bullying. Relatam isso como causa.

Cleisla Garcia: Existe uma relação direta entre o bullying, a mutilação e até o risco de suicídio?

JG: Com o bullying, a relação da mutilação é direta. Mas alguns desses adolescentes, quando foram submetidos a um histórico de angústias e chacotas constantes e intensas no ambiente escolar, tentaram o suicídio, mesmo que de forma mais branda, pelo menos uma vez na vida. Não é muito raro. Comportamentos com ideação suicida são claramente observados, e não só isso, não só dessa forma. Existe também a ideia de morrer, de apagar, de sumir, acabar com aquilo. Às vezes não é uma intenção objetiva do suicídio, com planejamento, mas de comportamentos que podem levar ao suicídio. Por isso a necessidade de uma intervenção precoce. Quanto mais rápida, mais eficiente.

CG: Quando esses meninos e meninas se veem sem saída, se já têm um traço do transtorno do impulso, o que costumam fazer?

JG: Na automutilação, os mesmos motivos que levariam aquela pessoa a uma ação violenta contra o outro, contra o agressor, ela usa contra si. Ela implode. Bota toda a sua fúria e força a seu desfavor, buscando um alívio para aquele sofrimento. Ela sente muita raiva dela mesma, tem ódio de si e acha que precisa se punir. A autoestima fica tão baixa que aquele jovem chega a achar que merece mesmo aquele tratamento dos colegas, que não serve para nada, que é inferior e se direciona para a autodestruição.

CG: Qual deve ser a conduta quando essa prática é descoberta na escola? E quando vem acompanhada da automutilação?

JG: Primeira coisa é que bronca não adianta. É preciso pelo menos tentar um tratamento mais acolhedor. O jovem já está sendo muito maltratado, o que não pode se repetir em casa. Isso não significa que o pai precisa entender o que está acontecendo, ter a solução pronta, achar normal. Não é normal. Os pais só precisam entender os motivos, o que está atrás do corte, da mudança de comportamento repentina, de não querer ir ao colégio. Uma dica: diante daquilo, pergunte o que houve. Se ele estiver cortado, procure um socorro para os ferimentos. Passado isso, procure ajuda. É o único caminho.

CG: Tem cura? Tem saída?

JG: Para os cortes, para o transtorno, tem cura, tem saída. Quanto mais cedo o adolescente for visto pelos pais e encaminhado ao tratamento, começar a fazer a terapia, maiores são as chances de sucesso e o surgimento dos resultados. Em alguns casos, todo esse tratamento, feito em conjunto com a família, às vezes junto com psicólogos, pode demorar anos. A melhora é gradual. Para chegar ao ponto ideal, de uma vida dentro dos padrões de normalidade, sem nenhum corte, é preciso ter paciência e perseverança. Mas, no consultório, vamos avançando nesse caminho, o que deixa o adolescente muito mais tranquilo. Quando eles percebem que os pais estão colaborando, que a escola está atenta, que os grupos de apoio foram acionados, mesmo não curados, eles deixam de se cortar com tanta frequência, de se agredir, de se automutilar. Não estão curados ainda, mas estão sendo tratados e melhoram sua qualidade de vida. E isso já é um alívio.

CG: É um problema muito frequente?

JG: Minhas amostragens são exageradas e altas porque eles já chegam aqui com o problema instalado, mas, seguindo padrões americanos, que são bem próximos do nosso, eu diria que numa sala de 30 alunos, numa análise bem conservadora, pelo menos 10% se agridem. Se focarmos exclusivamente na fase da adolescência, já ouvi falar em até 20% do grupo da sala de aula.

A líder do WhatsApp e a fada do consultório

Os sons já não pareciam tão vivos e ativos, tão presentes como no ano anterior. O burburinho do recreio, a disputa na fila da cantina, as vozes e as risadas que se misturavam no intervalo. Tudo agora tinha um som enlatado, distante. Como se Maria[4] não estivesse inserida na paisagem escolar. Como se fosse apenas uma mera espectadora de uma história não muito agradável. A menina tinha 7 anos, era apenas uma criança a caminho do quarto ano do ensino fundamental, mas já sentia na pele a sensação amarga de ser uma excluída.

A vida de Maria não estava fácil em casa. Os pais haviam se separado fazia pouco tempo, no fim do ano anterior. Ela e a mãe tiveram que se mudar para um apartamento menor, mais afastado do bairro de classe média em que viviam antes. A menina teve de trocar de escola. A mãe, bancária, precisou diminuir os gastos de um modo geral, porque a renda havia despencado com a separação, e ela queria muito manter a filha única numa escola particular, embora mais barata, além de arcar com as mensalidades do plano de saúde. Mesmo pagando menos, a nova escola ainda representava um custo elevado.

Não bastasse o drama de ficar longe do pai, não se enturmar era mais um problema para a menina. Dos grandes. Os meses na nova escola iam passando, e Maria se tornando mais pensativa, mais calada, entristecida. Às vezes, suspirava sozinha. Esperava que alguém viesse ao seu encontro, fizesse um convite, que a incluísse em uma roda mais animada de brincadeiras. Nunca aconteceu. O ano ia passando, e ela parecia sempre uma novata em teste permanente.

Nenhuma das novas colegas de turma se deu ao trabalho da aproximação. Pelo contrário. Às vezes, Maria percebia um certo bochicho inoportuno, uma risadinha fora de hora, olhares tortos. Havia se tornado motivo de piadinhas constantes em sala. Ela estava cada vez mais solitária, excluída não só no recreio, mas também dos grupos de

---

4. Todos os nomes que aparecem nesta história são fictícios.

trabalho e do WhatsApp. Pensava: "O que eu fiz? Ou o que não fiz?". Até porque, se existiam vários grupinhos saltitantes de meninas, deveria ter algum motivo para ela continuar fora deles, e a culpa só poderia ser dela. Afinal, a vida dela não era tão interessante como antes, quando fazia amizade em um piscar de olhos, um pular de amarelinha.

Maria foi invadida por um sentimento de não pertencer àquela escola, àquele micromundo que a cercava, àquele pequeno universo tão importante até o ano anterior, meses antes. Tudo era diferente naquele colégio. E, talvez, ela mesma não fosse igual. O que até pouco tempo era um porto seguro, um refúgio, virara um martírio. Os encantos da escola, as descobertas do saber, as histórias das professoras, a agitação colorida dos lápis na aula de artes ou a correria barulhenta da educação física, antes tão sedutores, foram perdendo a graça à medida que os amigos antigos se foram e os novos não chegavam.

Maria também pagava um alto preço por oscilar de um temperamento mais contido a momentos de euforia, nos quais tentava ser mais expansiva, agitada, falar sobre assuntos de meninas adultas, coisas de mocinha. Se mostrar "pra frente", "bacana" e "legal" para ver se assim impressionava ou agradava alguém. Para as colegas, aquilo era "falta de modos". E, aos poucos, foi ficando de lado, como um brinquedo que não agrada.

Maria realmente estava sendo banida dos grupos da escola. Não é possível achar uma única motivação. Talvez fossem várias ao mesmo tempo. De fato, as outras meninas não foram com a cara de Maria e decidiram excluí-la do convívio. Talvez pela condição socioeconômica, o tipo de cabelo, os materiais e uniformes surrados do ano anterior.

Por mais que buscasse motivos, que eles fossem tantos, Maria não conseguia achar uma razão digna ou clara para ser enviada, sabe Deus até quando, para aquela Terra do Nunca, no incerto solo do "não sei" ou do "sei lá". Só que nessa Terra do Nunca não tinha Peter Pan, não habitavam seres mágicos nem havia aventuras mirabolantes. Só existia a indiferença sentada atrás da curva do nada. E aquilo era muito triste para ela.

Maria se sentou mais uma vez debaixo da figueira gigante, plantada no meio do pátio da escola. Ela e seu pão de queijo duro, que sobrara do café da manhã de segunda. Já era quarta. Até ia bem, já dava a segunda mordida quando a solidão se aproximou e se instalou sem ser convidada. A solidão não é boa de prosa, e, como é invisível para a maioria, menos para ela, deixou transparecer o olhar de escanteio das não amigas, que riam baixinho e faziam um fuxico enquanto cruzavam o pátio. Ao contrário do que se imagina, crianças podem ser cruéis.

A menina enrolou o que sobrou do pão de queijo no guardanapo e voltou para a sala de aula antes de o sinal anunciar que o recreio havia acabado. Para uma criança, um dia de exclusão pode parecer uma eternidade. O que dizer, então, de meio semestre? Antes o descontentamento tivesse horário para acabar, como aquela campainha esganiçada que marcava o sinal escolar.

Na semana seguinte, era o aniversário de uma das meninas, a mais simpática da turma, Ana. A única que se aventurava a trocar algumas palavras, contar algo, compartilhar qualquer coisa que fosse. Até aquele momento, Maria ainda não havia sido convidada para a festa. Não seria aquela uma boa oportunidade para confraternizar, se aproximar das outras colegas?

Lúcia, a mãe de uma das meninas do grupo, Joana, a que parecia a Maria a mais esnobe e inconveniente de todas, que vivia fazendo fuxicos, ficou sabendo da situação de Maria pelos relatos da filha. Esperava-se que o equilíbrio de um adulto colocasse as coisas no lugar e Maria deixasse de ser vítima do comportamento agressivo e insensível das colegas. Não foi o que aconteceu.

A mãe de Joana criou um grupo de mães no WhatsApp para discutir assuntos relacionados a vários temas escolares. Maria era um dos assuntos. Essa mãe viu-se no direito de debater problemas pessoais de uma menina que ela não conhecia, com quem não mantinha o menor contato. Apenas porque essa menina supostamente causava alguma estranheza na escola. Essa mãe orientou todas as demais a conversar com suas filhas para se manterem afastadas da "intrusa". Afinal, ela não tinha a mesma "criação", a mesma "educação", não tinha modos e poderia "contaminar" as amigas com sua alegria repentina e sem modos, sua mudança brusca de humor e seus assuntos sem muita censura e limites. Era "soltinha" demais.

A mãe da aniversariante do mês achou aquele movimento estranho e exagerado, desproporcional. Afinal, era certo que convidaria Maria para a festa da filha, como todas as outras meninas da turma. Mas a líder do grupo adulto, a mãe do WhatsApp, protestou com veemência e chegou a insinuar que, se Maria fosse à festa, sua filha não iria. A mãe de Ana, tocada pelo bom senso, desconversou. Decidiu que faria o convite assim mesmo. Já Maria mantinha a certeza de que mais uma vez ficaria de fora. Foi uma semana de angústia.

Como nas fábulas, tudo mudou como num passe de mágica. Se para os adultos isso não é nada, episódios assim não passam de bobagem, para Maria foi como escapar por pouco do que sob o olhar de uma criança pode parecer um massacre moral aterrorizante. Quando o convite da festa chegou, discreto, ela se acendeu num sorriso de alívio e não foi só o que aconteceu naquela semana cheia de sinais otimistas.

Do nada, uma fada moderna e esclarecida, sem varinha encantada, entrou em cena. O socorro não veio da escola, nem da casa da vítima, nem da reconsideração repentina das novas amigas. Veio de um consultório, num bairro elegante de São Paulo, e de maneira inusitada.

Havia alguns meses que a mãe de Joana procurara auxílio para uma terapia com a filha. As duas eram atendidas em horários diferentes. Quando a mãe contou sua versão à psicóloga, com todos os detalhes, explicando suas escolhas e motivações, buscando respaldo para seus comportamentos de mãe vigilante, a psicóloga Elizabeth Monteiro deu um salto brusco da cadeira: "Nããooooooooooooooooo! Você está doida? Quer ser a louca do WhatsApp?". Sua reação foi tão efusiva que, depois do susto, a mãe de Joana parou para ouvir. Ouvir com atenção e com o coração.

Apesar da vasta experiência como pedagoga, psicóloga e escritora, Betty não se enquadra em nenhum tipo de clichê – nem mesmo o de politicamente correta. Não costuma falar baixinho, gesticula bastante; aliás, fala com o corpo inteiro e não tem papas na língua. Fala o que as pessoas precisam ouvir – o que nem sempre coincide com o que elas desejam escutar. Às vezes um especialista precisa fazer isso. Trazer as pessoas para a realidade com alguns safanões emocionais e alertas de segurança máxima.

Nem foi tão difícil. A mulher acatou o alerta, mudou seu comportamento e, mais que isso, mudou também seu pensamento em relação a casos assim. O trabalho de Betty foi alertá-la para o poder que o preconceito, a discriminação e o bullying podem exercer na vida de uma criança e solicitar que fizesse uma reflexão. E se fosse a filha dela a menina considerada "fora de padrão", que passasse por um contratempo e deixasse de ter o conforto financeiro de que desfrutava? Se fosse a filha dela que estivesse enfrentando a dolorosa separação dos pais, tão comum hoje em dia?

Não havia perversidade e ódio naquela mãe. Apenas desinformação. Betty só a conduziu ao caminho da informação correta, ao cenário de uma visão afetiva que liberta as pessoas das correntes do preconceito.

O caso de Maria pode parecer pequeno se comparado a episódios de bullying severo, desses que, associados a outras vulnerabilidades, podem levar a crimes bárbaros, mutilação e suicídio. Mesmo assim, é emblemático. Segundo os especialistas, para ter uma geração de crianças e jovens mais "sustentáveis" do ponto de vista moral e humanitário, de respeito ao próximo, é preciso com urgência investir na prevenção, evitar julgamentos. Isso faz lembrar um conceito que permeia toda a série da Netflix *13 reasons why* e que está estampado em cartazes de escolas de São Paulo: "Você não sabe o que passa na cabeça das pessoas.

Você não pode medir o tamanho do sofrimento daqueles que cruzam seu caminho".

De fato, ninguém pode calcular aonde aquele sofrimento vai levar. Pode acabar em nada, mas também pode conduzir a grandes explosões de fúria, como aconteceu com Wellington Menezes de Oliveira, o atirador de Realengo. Pode levar a uma implosão seguida de mutilação, uma tentativa de autoextermínio tão precoce como a que ocorreu com o garoto de 13 anos, também de Realengo, que se salvou por sorte.

Betty tem mais de 40 anos de experiência no trato com crianças, adolescentes, pais e educadores. Começou sua carreira ainda bem jovem como professora do ensino fundamental, depois se tornou pedagoga e psicóloga. Atualmente, atende em seu consultório em São Paulo e ministra cursos e palestras pelo Brasil. É escritora conceituada de vários títulos voltados para o auxílio à educação humanitária com valores e limites.

Ela acredita ser possível criar crianças felizes e famílias engajadas na arte de crescerem todos juntos. Em entrevista para este livro, perguntei: "Betty, nós, os pais, estamos perdidos nesses tempos difíceis, não é?", referência a um de seus livros, *Criando filhos em tempos difíceis: atitudes e brincadeiras para uma infância feliz*.

Esperava uma resposta professoral, contemplativa. E ela respondeu em voz alta, de maneira enfática, jogando os braços para o alto: "Esses pais estão loucos! Eu tenho muito medo desses pais dos grupos de WhatsApp. A educação on-line. A educação cheia de regras terceirizadas. São pais competitivos, que enchem seus filhos de compromissos, não deixam as crianças serem crianças, não conseguem brincar com seus filhos. Não dão tempo para a infância crescer, não têm paciência de ouvir, estão sempre apressados. Essas pessoas estão perdidas, acham que são esclarecidas, mas não têm informação adequada, não têm sabedoria". "Sem brincar, nossas crianças estão adoecendo, estão ficando depressivas cedo demais. Tem muitos casos assim aqui no consultório. Quando os pais, os adultos, têm informação e não sabem usar, isso se chama ignorância."

Ela se referia a um perfil específico de pais modernos, precipitados e intolerantes. Muitas vezes, movidos por conceitos ou preconceitos sociais e não conceitos ideológicos, humanitários e preventivos. Abandonei a caneta, desliguei o gravador. Betty definitivamente não é para ser escrita, não é para ser copiada, nem transcrita. É para ser vivida. Foi uma hora cravada de bate-papo, risadas e momentos de emoção. O resumo daquela entrevista ela enviou depois, por e-mail:

Cleisla Garcia: Criando filhos em tempos difíceis. Será mesmo, Betty, que esses tempos modernos, conduzidos com a rapidez dos meios digitais, são mesmo mais difíceis para educar os filhos?
Elizabeth Monteiro: Todos os tempos são difíceis para educar bem. Mas, nessa nossa era digital, o homem, que sempre lutou contra a escravidão e que sempre quis dominar a tecnologia, acaba por se tornar escravizado e dominado por ela.
CG: Será que se repete a velha história da criatura dominando o seu criador? Quero falar do bullying. O que é o bullying?
EM: Vish!... O bullying é coisa antiga!... Sempre existiu. É um tipo de discriminação que se sofre nas ruas, no trabalho, na escola, nos meios sociais e principalmente... dentro da própria família – e esse é o pior tipo de bullying que existe. Com o advento das redes sociais, o velho bullying se transformou em algo muito sério, prejudicial e difícil de controlar, que é o cyberbullying, ou bullying cibernético, pois ocorre através do meio virtual. É anônimo, a postagem fica exposta, armazenada e acessível a todos a qualquer momento.
CG: Esse tipo de bullying tem crescido muito no Brasil e no mundo, não é?
EM: Sim. Esse tipo de bullying cresceu muito no mundo todo e também no Brasil nos últimos tempos. Praticamente um a cada seis estudantes já sofreu agressões organizadas por grupos que utilizam as redes sociais. Consequentemente, o número de jovens que buscam tratamento psicoterápico aumentou bastante nos consultórios.

Os tipos mais perseguidos são os obesos, os tímidos, os magros demais, os homossexuais, aqueles com orelhas de abano, cabelos eriçados, os míopes, os atrapalhados e aqueles que não se vestem e não se comportam de acordo com os padrões do grupo dos alunos populares da escola. Existe uma cultura de violência, que foge ao controle dos professores, diretores e pais.

CG: Qual é a faixa etária mais afetada?

EM: A faixa etária predominante se encontra entre os 11 e os 15 anos, sendo a maioria dos agressores composta por meninos e a maioria das vítimas, por meninas. A vítima apresenta alguns sinais, tais como não querer ir à escola, passar o recreio sozinha, isolar-se na biblioteca, perder material, ser excluída das festas e reuniões de grupo, cabular aula, apresentar mau desempenho escolar, querer trocar de escola, não receber amigos em casa, não sair com colegas nem ir à casa deles. Geralmente, ficam com a estima baixa, deprimidas, angustiadas e ansiosas. Costumam grudar-se à mãe, desenvolvem compulsão por comida e ficam com transtornos do sono. O bullying está por trás de muitas tentativas de suicídio e de vingança contra os agressores. O diálogo com o filho deve ser sempre o primeiro caminho a ser tomado. A vítima de bullying precisa ser ouvida com atenção e carinho. Os pais devem indagar se ela quer ajuda e a forma como podem ajudar.

Cyberbullying: como evitar

Quais as medidas preventivas para evitar que crianças e adolescentes não se tornem agressores, nem vítimas nem plateia, mesmo no mundo digital? Elizabeth Monteiro pontua:

- Orientar os filhos a não aceitar convite de pessoas desconhecidas para fazer parte de suas comunidades ou redes sociais.

- Mostrar a eles que não devem colocar fotos ou imagens que possam ser usadas ou montadas de forma maldosa.
- Instalar programas que controlam o acesso a sites potencialmente perigosos.
- Pedir ao filho que conte tudo que possa tê-lo ofendido ou tenha feito sentir-se ameaçado.
- Tomar providências imediatas se perceber que seu filho é vítima de bullying ou se tornou um agressor e abusador.
- Fazer boletim de ocorrência em delegacia.
- Armazenar o conteúdo do cyberbullying com data e horário como prova.
- Entrar com uma ação judicial contra o provedor do serviço para poder rastrear os dados.
- Pedir indenização ao agressor e a exclusão do conteúdo.

Os caminhos legais

A legislação brasileira prevê que crianças e adolescentes que pratiquem essas contravenções devem ser inseridos no Programa Escolar de Combate ao Bullying, de acordo com a própria lei (13.185/15, de Combate ao Bullying), explica Betty.

Nos Estados Unidos e na Europa, o bullying vem sendo tratado nas escolas. Pesquisas descrevem os riscos de longo prazo, mostrando que tanto as vítimas como os provocadores são prejudicados pela falta de atendimento. As vítimas tendem a desenvolver depressão e pensamentos suicidas, enquanto os provocadores têm menos possibilidades de concluir os seus estudos ou manter-se no trabalho.

Além de dar aulas sobre informática e de controlar os conteúdos digitais, as escolas precisam levar os alunos a perceber que o provocador é alguém com dificuldades em controlar o seu próprio comportamento e que a vítima é alguém que eles podem proteger, explica a psicóloga. Essa medida ajudaria a acabar com a baixa tolerância aos provocadores, que comumente são expulsos da escola.

"As escolas precisam mudar o olhar sobre esses casos: é preciso se conscientizar de que tanto as vítimas quanto os provocadores são pessoas que merecem atenção, cuidados e tratamento. Esses jovens precisam ser encaminhados aos profissionais competentes para tratá-los. Esses mesmos profissionais também devem orientar escola e família quanto às atitudes necessárias à recuperação dos jovens", explica.

Segundo Betty, bullying infantil não é muito diferente do juvenil. "Crianças e adolescentes são cruéis na mesma medida do seu desenvolvimento. O que acontece é que as mães pioram muito os casos de bullying infantil. Algo simples e rotineiro, que poderia ser resolvido na própria sala de aula, muitas vezes vai parar na delegacia. São mães que querem resolver as questões à sua maneira. Muitas vezes agredindo física e verbalmente a criança agressora e seus familiares. Querem fazer justiça com as próprias mãos. Ensinam aos filhos que é dessa forma que se resolvem os problemas, e o ciclo de violência se repete a cada ano. No final da história, a criança que foi vítima acaba sendo abusada duplamente."

Para a psicóloga, muitos pais não sabem por onde começar. "Anda faltando conversa franca, tempo para conversar, para deixar as coisas fluírem, para saber o que anda acontecendo com os filhos. Hoje, os pais estão em dúvida sobre o seu papel. Veja, não estou falando que falta autoridade, aquela autoridade autoritária. Os tempos são outros. Isso não cabe mais, as famílias mudaram. Mas tudo ganhou uma banalização, inclusive a banalização do trauma, o exagero do politicamente correto. A maternidade em muitos casos virou uma competição de quem é a melhor mãe e muitas estão avançando apenas no território das disputas teóricas. O que eu percebo é que por conta do excesso de outras prioridades que não sejam a criação dos filhos, os pais se sentem culpados. E pais culpados não conseguem educar", comenta.

Os casos de bullying severo, que levam a transtornos psíquicos e a tentativas de suicídio, merecem um olhar mais aguçado. Nesses casos, pode existir a necessidade de um tratamento multidisciplinar composto por médicos clínicos, psiquiatras, neurologistas, psicólogos, pedagogos e terapeutas familiares. "Observar e refletir sobre os absurdos da perseguição gratuita, do preconceito e do bullying é nossa obrigação porque é desumano, causa danos irreparáveis. Deixa ser criança, deixa brincar. Resgatar a infância dos nossos filhos é salvar essa geração, investir no futuro das novas gerações, diria, da civilização", desabafa Betty.

10

INQUILINA DOS EXTREMOS

*"Até cortar os próprios defeitos pode ser perigoso.
Nunca se sabe qual é o defeito que
sustenta nosso edifício inteiro."*

Clarice Lispector

Aquele cenário acinzentado e coberto por um nevoeiro opaco e úmido já era conhecido, mas não familiar. Desde que se entende por gente, nada parece familiar para Thaís. "Despertencimento" seria o resumo da vida vivida, ou arrastada, até então.

Era apenas o banheiro de casa, com sua banheira-padrão. Cada vez menor a cada centímetro que as pernas cresciam, a cada ano passado. Cada detalhe havia sido planejado cuidadosamente, com requintes de ritual. Visto de fora, um procedimento tétrico. Para ela, o único caminho a ser percorrido naquele instante, quando todas as tentativas de acreditar nos outros haviam sucumbido.

Como não se encaixava no mundo que a cercava, não concordava com o procedimento e as instituições sociais, questionava a todo momento a conduta alheia. Desconfortável com a própria existência, Thaís se sentia um fantasma. Estava no primeiro ano de Medicina

Veterinária, sempre atenta aos detalhes, engolindo livros, buscando informação na internet. Foi nesse ambiente de acesso à informação sobre o modus operandi que premeditou o próprio fim. De forma incomum: sem despedida.

Era dia 29 de julho de 2009. Para ela, nenhuma dor haveria de ser maior do que a de viver. Mesmo assim, exagerou na dose para evitar surpresas. A Faculdade de Veterinária ajudou. Misturou tudo que apaga com tudo que acende o cérebro. Completou a banheira com água e escolheu o mais eficiente de todos os objetos cortantes de sua coleção particular. Achou que seria arriscado escolher apenas uma simples veia e elegeu a artéria. Se houve uma dor profunda, ela nem se lembra.

Deitou-se na banheira de água quente esperando o inevitável. Difícil calcular por quanto tempo mergulhou no vazio. A cabeça já estava sob forte impacto de drogas psicoativas (lícitas, mas controladas). Independentemente do tempo, seria só uma questão de minutos para atravessar o túnel para outro lugar, se é que existe outro lugar. O importante para Thaís era sair o mais rápido possível "dali".

Os treze porquês

Bem no meio da série jornalística para a Record TV "Suicídio – Alerta aos jovens", a série da Netflix *13 reasons why* explodia nos noticiários, atingia seu ponto alto, estampava capas de revista, levava o tema à tona de maneira polêmica e surpreendente. Muitos criticavam com veemência o conteúdo. Alguns pedagogos e psicólogos orientavam famílias a não deixarem os filhos assistirem à série de forma alguma, como se isso fosse possível.

Era o único assunto nas escolas. Alguns colégios estampavam cartazes imensos com fotos dos protagonistas e frases de alerta: "Você não sabe o que está passando na cabeça dos outros". Minha filha, então com 12 anos, e dezenas de amigas do sétimo ano queriam saber por quê. Por que estampar aquelas frases pelo colégio? Por que uma adolescente deseja a morte? O que é de fato o suicídio? Por que exibir "aquelas cenas" na TV era considerado tão bizarro, pior que filme de terror? Por que não ver os "13 porquês"? E a curiosidade imitativa aumentava de tamanho. Quanto maior o tabu, mais parece despertar o interesse. Muitos adolescentes viram a série sem o consentimento dos adultos. Eram muitas perguntas. Os pais não tinham as respostas. Não naquele momento. Eles mesmos são filhos de uma geração para a qual falar de suicídio não é comum, não é bem-visto, para a qual o autoextermínio é assunto pra lá de indigesto. Por vários motivos, até mesmo por conta deste livro, tive que assistir à série. Com um bloco de papel nas mãos.

Numa das cenas mais impactantes, Hannah entra na banheira e se fere severa e profundamente. A cena completa dura três minutos, uma eternidade angustiante. Os detalhes chegam num close intenso, agressivo. A personagem se desloca calmamente para a morte transbordante. Um vermelho vivo toma conta da água, do azulejo, da tela.

Será que o autor do livro em que se baseia a série, Jay Asher, conhecia Thaís? Não é a vida que imita a arte? Ou é a arte que imita a vida? São milhares de Hannahs morrendo asfixiadas pela dor. São milhares de Thaís, milhares de Anas. São milhares de jovens agonizando em banheiras, saltando de prédios e viadutos, enroscando o pescoço em tiras improvisadas, ingerindo agrotóxicos, desfalecendo diante das telas do computador, definhando dentro do próprio quarto. Não é mais possível assistir a isso no sofá confortável, comendo pipoca, sem fazer nada.

Desde o lançamento da série, em 31 de março de 2017, especialistas, psiquiatras e voluntários de entidades ligadas à prevenção ao suicídio, como o CVV, entraram em alerta máximo. Eles sabem que é preciso combater o preconceito e discutir o assunto, mas, sobretudo, consideram indispensável saber como.

A romantização do ato suicida, a descrição de métodos, o sensacionalismo podem causar, mesmo sem intenção, consequências trágicas. Imagens nítidas dos métodos de autoextermínio exibidas com um toque de glamour constituem uma combinação perigosa, cenário propício para incentivar o suicídio imitativo. O impacto desse tipo de situação é diferente para cada pessoa, mas quem já alimenta ideias infelizes e está vulnerável fica sob risco bem maior.

A personagem Hannah, de 16 anos, responsabiliza seus amigos e colegas do colégio, inclusive a própria escola, pelo sofrimento intenso, a perseguição e o bullying que a levaram à morte autoinfligida. Em nenhum momento do episódio, é feita uma reflexão sobre a possibilidade de seu caso se tratar de um transtorno psicológico ou de humor e personalidade, nem se faz uma associação com uso de álcool e drogas.

Só no Brasil, cerca de 12 mil pessoas se matam todos os anos, de acordo com dados do Ministério da Saúde.[1] Entre 2011 e 2015, o número de suicídios cresceu 12% no país, subindo de 10.400 para 11.736 em 2015.

"É muito importante falar sobre o tema. Precisamos esclarecer as pessoas, alertar sobre os riscos. O número é maior do que de vítimas de aids", compara Robert Paris, presidente do CVV no Brasil. "Mas é preciso falar de uma forma que possa oferecer ajuda a quem procura, encaminhar a um diagnóstico, a um tratamento. Essas pessoas geralmente têm um problema de saúde associado. Elas não se matam porque não querem mais viver. É que a dor do viver ficou tão insuportável que elas não veem outra forma de prosseguir sem que uma mão cuidadosa se estenda."

As preocupações dos especialistas em relação à série tinham fundamento, indica o resultado de uma pesquisa liderada pelo epidemiologista John Ayers, da Universidade Estadual de San Diego, na Califórnia,[2] e divulgada em publicações científicas da Associação Médica Americana. Com a ajuda de um buscador da internet, a equipe de Ayers contabilizou

---

1. SECRETARIA DA VIGILÂNCIA EM SAÚDE. *Boletim Epidemiológico Suicídio. Saber, agir e prevenir*, volume 48, nº 30, 2017. Disponível em: <http://portalarquivos.saude.gov.br/images/pdf/2017/setembro/21/2017-025-Perfil-epidemiologico-das-tentativas-e-obitos-por-suicidio-no-Brasil-e-a-rede-de-atencao-a-saude.pdf>. Acessado em 24 de janeiro de 2018.
2. BUSCATO, Marcela. Série *13 reasons why* estimulou ideias de suicídio, diz estudo. *Época*. Disponível em: <http://epoca.globo.com/saude/check-up/noticia/2017/07/serie-13-reasons-why-estimulou-ideias-de-suicidio-diz-estudo.html>. Acessado em 24 de janeiro de 2018.

buscas afins ao tema entre 31 de março e 18 de abril, véspera do suicídio do jogador de futebol americano Aaron Hernandez. Nesse período, a procura pelo assunto havia aumentado 19%. Um milhão e meio a mais de acessos do que antes de a série ser exibida.

O mais preocupante: as pessoas não demonstravam apenas um interesse casual pelo tema. As buscas vinham junto com a procura pelo "planejamento mental" do autoextermínio, em clara demonstração de que a ideia de tirar a própria vida rondava muitas cabeças. Entre as buscas, vale ressaltar, existiam também registros de pessoas que demonstravam interesse em receber ajuda em órgãos e instituições de auxílio.

Como já foi dito ao longo deste livro, nas últimas décadas, o suicídio se tornou a segunda maior causa de morte por atos violentos entre jovens de 15 a 29 anos no mundo e a quarta maior no Brasil, ficando atrás apenas de mortes provocadas por homicídios e acidentes de trânsito, segundo dados divulgados em 2017 pelo Sistema de Informação sobre Mortalidade do Ministério da Saúde. Nos Estados Unidos, o suicídio mata mais que o câncer, doenças cardíacas e respiratórias.

Uma série de publicações feitas em 2012 por uma das revistas científicas mais prestigiadas do mundo, a *The Lancet*, do Reino Unido, vai além e de forma ainda mais específica, definindo a alta relação com o gênero em determinadas idades. No estudo, em artigos de autoria dos pesquisadores M. R. Phillips e H. G. Cheng, o suicídio aparece como a principal causa de morte de meninas com idade entre 15 e 19 anos.

No Brasil, o especialista Joel Rennó confirma que os números são bem parecidos com os resultados obtidos no Reino Unido, incluindo a prevalência feminina nas ocorrências. Rennó é psiquiatra e professor de Medicina da Universidade de São Paulo (USP) e diretor do Programa de Saúde Mental da Mulher do Instituto de Psiquiatria da USP. Ele explica que, de modo geral, as mulheres são duas vezes mais suscetíveis à depressão do que os homens.

"Observamos, segundo vários estudos, que, nessa faixa etária, as adolescentes tentam três vezes mais o suicídio do que os meninos.

Embora os trabalhos evidenciem que os meninos, por usarem métodos mais letais, como enforcamento e armas de fogo, concretizem mais suas tentativas do que as meninas", esclarece Rennó.

O psiquiatra também cita uma tendência importante na avaliação dessas estatísticas. Embora as expectativas e as pressões sociais não só nessa, mas em várias fases da vida, recaiam sobre ambos os sexos, a carga imposta às mulheres parece ser ainda mais severa. "Em algumas sociedades e culturas, as meninas são mais pressionadas e vítimas de vários tipos de discriminação, violência (física, sexual, psicológica e moral), além de padrões rígidos de cobrança, inclusive de cunho machista, onde o homem pode adotar certos comportamentos, mas as mulheres, não. Sendo criticadas e condenadas se reproduzirem tais comportamentos."

O psiquiatra também respalda a pesquisa do Reino Unido com outro comportamento bastante comum em várias culturas, inclusive no Brasil. O culto à forma perfeita e o endeusamento da magreza. "A perseguição aos padrões estéticos considerados ideais também interfere, levando muitas meninas à distorção de imagem corporal e baixa autoestima", diz o especialista.

Outro fator importante para o significativo número de suicídios entre meninas de 15 a 19 anos é o consumo precoce de álcool e a manutenção desse hábito ao longo de parte da vida, se aproximando do mesmo padrão adotado pelos homens. Associado ao estresse, também mais presente entre as mulheres, e às cobranças sociais, arma-se uma espécie de bomba-relógio, uma combinação de fatores extremamente prejudiciais à saúde física e mental do sexo feminino, além da maior exposição a todo tipo de vulnerabilidade.

"Em algumas sociedades, muitas dessas meninas, ao buscarem liberdade, autonomia, sucesso e independência, acabam sofrendo ainda mais com abusos, assédios, bullying e humilhações em seus relacionamentos", diz Rennó. Na adolescência, por exemplo, as mulheres se tornam vítimas ainda mais potenciais em virtude de alterações hormonais significativas, como a tensão pré-menstrual e vulnerabilidades emocionais."

"Em várias fases, as mulheres estão mais sujeitas a quadros de depressão e ao risco aumentado de suicídio, como na adolescência, na gestação, no pós-parto e também na menopausa. Nesses períodos, as chances de apresentar ou de agravar os sintomas da depressão são de 15% a 20%", diz o psiquiatra.

Autoluto: a própria vítima se veste de preto

Thaís foi personagem de uma série de reportagens que fiz em 2009. Por algum motivo, ela me escolheu para mostrar as feridas de sua automutilação, ainda muito abertas, quase em carne viva.

O primeiro contato ocorreu nas proximidades da Faculdade de Veterinária, em São Paulo. Thaís vestia preto da cabeça aos pés e exibia uma maquiagem acinzentada, quase chumbo, que cobria a parte de cima dos olhos verdes. Franzina, calçava botas tipo coturno e tinha cabelos tingidos de lilás, penteados num topete gigante, ao estilo punk.

Deixou o prédio ressabiada, olhando para os lados, e sinalizou para encontrá-la junto a um muro mais afastado, numa calçada distante, onde ninguém da faculdade ficaria monitorando o encontro. Foi uma longa conversa sem câmera, embora corresse o risco de ela mudar de ideia e eu perder a entrevista. Por alguma razão insondável, ela se abriu.

O mais intrigante é que debaixo daquela casca soturna, quase agressiva, um símbolo de intimidação, havia uma voz suave, baixa, quase trêmula. Em pouco tempo de conversa, agachada diante da repórter, ela se revelou uma criança doce, acuada, de olhos espantados, pedindo socorro. Contou fatos impossíveis de esquecer, mesmo poupando vários detalhes delicados. Mas não era uma entrevista, e a maior parte do que foi dito ali ficou – e ficará – apenas entre a menina e a repórter.

Carinho de avô

Os pais de Thaís sempre foram muito ocupados. Trabalhavam muito para manter as contas em dia e as filhas na escola, pagar a empregada que ficava com as meninas e até se aventurar por um pouco de lazer nos fins de semana.

A pressa da vida contemporânea é tão constante, tão comum, tão indispensável ao modelo vigente do mundo corporativo que andar na contramão da agilidade, da correria, da aceleração, pode soar como sinal de anormalidade, de incompetência, de falta de capacidade para a vida profissional e social. Não é à toa que, segundo a Organização Mundial da Saúde, a ansiedade é o principal legado da sociedade moderna. E, nesse quesito, os brasileiros são apontados pela OMS como os mais ansiosos do planeta.[3] A ansiedade é um transtorno que tem chegado cada vez mais cedo, atingindo também os mais jovens.

"É um tempo de crianças superocupadas, cheias de atividades e metas como os adultos", alerta a psicóloga, pedagoga e escritora Elizabeth Monteiro. "São os filhos da atualidade, dos pais competitivos. E essas crianças não estão brincando. E, quando as crianças não brincam, não imaginam, não vivem as fases da vida, cada uma no seu momento, com seus desafios cognitivos, elas podem adoecer. Tem aumentado muito aqui no consultório o número de crianças deprimidas, algumas bem pequenas, com 5, 6 anos."

Thaís tinha 27 anos quando este livro foi editado. Já nasceu, portanto, na era da correria. Aos 4, 5 anos, queria mesmo era ficar entretida no seu mundo infantil particular, ocupada com sua imaginação veloz. Como quase todos os filhos de pais trabalhadores e sobrecarregados de tarefas, às vezes se sentia só. Mesmo quando a empregada estava em casa, porque estava sempre ocupada com algum afazer doméstico.

---

3. CHADE, Jamil; PALHARES, Isabela. Brasil tem maior taxa de transtorno de ansiedade do mundo, diz OMS. *O Estado de S. Paulo*. Disponível em: <http://saude.estadao.com.br/noticias/geral,brasil-tem-maior-taxa-de-transtorno-de-ansiedade-do-mundo-diz-oms,70001677247>. Acessado em 4 de janeiro de 2018;
ORGANIZAÇÃO MUNDIAL DA SAÚDE. Depression and other commom mental disorders. Global health estimates. Genebra: OMS, 2017. Disponível em inglês: <http://apps.who.int/iris/bitstream/10665/254610/1/WHO-MSD-MER-2017.2-eng.pdf>. Acessado em 4 de janeiro de 2018.

Ainda bem que ela podia contar com a visita quase rotineira de "seu" Celestino, o vô Tinho, um velho conhecido da família, um vizinho querido. O filho de Celestino era dono da pequena casa usada pela mãe de Thaís como ateliê.

Depois dos 60 anos, aposentado, Celestino se tornara uma pessoa ainda mais carinhosa. Contador de histórias, sempre tinha um agrado nas mãos para Thaís e para todos. Uma bonequinha, um jogo, um doce, florzinhas colhidas no caminho. Mas o melhor mesmo, naquela infância ansiosa pelo descompromisso, era a companhia, poder brincar, poder ouvir a prosa.

Quando perdeu a avó materna, tão querida, tornou-se indispensável para Thaís ter alguém assim, como se fosse da família. Celestino, por merecimento, havia sido promovido a avô de estimação. A menina precisava mesmo de alguém para ocupar aquele vazio doloroso deixado pela partida da avó.

Aquele senhor simpático, atencioso, educado foi ganhando confiança e espaço familiar com dedicação, acolhimento e doçura. Normalmente, ele passava pela casa de Thaís duas ou três vezes por semana. Brincava com ela por horas. Na presença dos pais e da empregada – e principalmente depois que a cuidadora partia. Algumas vezes, quando a funcionária faltava ou quando um trabalho inesperado surgia, a mãe de Thaís até pedia ajuda a Celestino. "Seria um abuso dar uma passadinha na casa para cuidar da menina? Só um pouquinho?"

Quase sempre era possível. Assim, a mãe saía despreocupada para o trabalho, mais precisamente a duas quadras dali, no ateliê onde belas artes eram confeccionadas, no quintal da casa da família daquele senhor. Nas telas, belas flores nasciam e eram coloridas por seu talento delicado. Saía de casa crente de que deixara a filha nas mãos de um anjo de candura e paciência, a personificação da bondade, da ajuda despretensiosa. Mal sabia que entregava a filha tão pequena e indefesa aos cuidados de um ser asqueroso, desumano e inescrupuloso, que sufocava a menina nas amarras do medo, das ameaças, mantendo-a refém, intimidando e fazendo de sua própria casa o cativeiro. A cama dos pais, picadeiro das brincadeiras de criança, também foi o sepulcro da infância de Thaís.

Alerta número 1 – pelos olhos da própria Thaís, mas sob a perspectiva do agora:

Desconfie sempre das pessoas que têm contato com seu filho. Procure testar suas intenções, ter conversas diárias com a criança, sem culpar ou recriminar. Alerte sobre condutas adequadas e inadequadas. Surpreenda os cuidadores, pessoas próximas e parentes com mudanças de horário e visitas de surpresa. Isso não é ser neurótico. É ser prudente. Pessoas dessa natureza preferem presas e famílias distraídas e vulneráveis, inclusive economicamente.

A criança sabe que tem alguma coisa errada, mas não sabe ao certo o que é. Se não estiver muito segura, não vai conseguir verbalizar, explicar. A criança espera que os pais descubram tudo sozinhos, que eles suspeitem, investiguem, tomem uma atitude. Não culpe a criança, mas se afaste de vez do agressor. A criança acredita nas ameaças do abusador, tem medo de que algo aconteça com ela e, principalmente, com as pessoas que ela ama.

Infância violada

Os abusos a uma criança normalmente não começam de maneira descarada, de forma a provocar um choque, um trauma imediato, um estado de imobilidade, uma fuga repentina, a ligar o alerta dos pais, chamar a atenção dos vizinhos. Abusadores são mais cruéis e oportunistas. Preparam o terreno para obter muitas colheitas. Primeiro ganham a confiança, o carinho, o respeito das crianças e da família. Muitas vezes o abusador pertence à própria família ou é uma pessoa bem próxima – um padrasto, um amigo, um vizinho. Isso acontece em mais da metade dos casos.[4]

Em apenas um ano, o governo federal recebe em média 26 mil denúncias anônimas de abuso sexual, uma média de 70 por dia. São Paulo lidera o número de casos (14,5%) seguido da Bahia (8,34%). Um levantamento do Instituto de Pesquisas Econômicas Aplicadas (Ipea), com base nos dados do Sistema de Informações de Agravo de Notificações (Sinan), do Ministério da Saúde, mostrou que 70% das vítimas de estupro no Brasil são crianças e adolescentes. Em metade das ocorrências relatadas, a vítima já tinha sido abusada outras vezes.

Quando os abusadores têm a presa e o tempo a seu favor, são como serpentes ardilosas que simulam devagar um abraço sincronizado até a vítima se sentir completamente impotente, indefesa, sem saída, sufocada. As marcas psicológicas ficarão cravadas na mente e na alma daquela criança por toda a adolescência, vão acompanhá-la na vida adulta até o último suspiro, o último passo.

Ao molestador não interessa a morte da vítima; aquele corpo sem alma pode ser útil por muito tempo, repetidas vezes. Até que apareça outro, mais jovem, mais indefeso.

Lembranças do nevoeiro

Agora, vistas a distância, as primeiras lembranças de Thaís já se confundem com o pesadelo. Se houve por parte daquele homem algum gesto de afeto genuíno, ele se perdeu. Entre um presente e outro, a

---
4. INSTITUTO DE PESQUISA ECONÔMICA APLICADA. Estudo analisa casos notificados de estupro. Disponível em: <http://ipea.gov.br/portal/index.php?option=com_content&view=article&id=21849>. Acessado em 24 de janeiro de 2018.

mão de Celestino começou a escorregar com frequência para locais sagrados no corpo de uma criança. Quando a menina percebeu que havia algo de estranho com aquele avô, começou a perder o apetite, ficar irritada, se esconder, ficar doente para evitar encontrá-lo. Ele também percebeu – e intensificou a manipulação.

"Comecei a fugir dele, cheguei a me esconder dentro do guarda-roupa, debaixo da cama. Mas não resolvia. Ninguém percebia, ninguém prestava atenção naquilo, e ele aparecia umas duas, três vezes por semana. Esperava a empregada ir embora. Eu comecei a me afastar por conta própria e foi aí que ele começou a ficar mais violento, agressivo, disse que me dava presentes, que me agradava, que eu era culpada de tudo aquilo que estava acontecendo. Então ele falou que iria matar os meus pais, de surpresa, quando ninguém esperasse. E eu seria a única culpada porque definitivamente não estava sendo boazinha", relembra Thaís. "Fiquei em choque, não sabia o que fazer. Achava que precisava passar por aquilo."

Entre as carícias mais impertinentes e profundas e o ato consumado, uma pequena vida de martírio interminável. "Ele me levou para o quarto dos meus pais, agarrou os meus braços. Foi ali que tudo aconteceu. Eu não contei naquela época, não estava pronta para dizer isso, mas ele chegou até o final, o estupro foi concretizado. Depois de quatro anos de abusos, quase diários, eu não tinha forças para mais nada, só sentia nojo de tudo aquilo. Ele dizia para eu ficar calada. Não conseguia nem gritar, achava que a vida estava perdida. Eu me perdi ali, debaixo daquele monstro disfarçado de avô. Não sei ao certo, mas entre os 8 e os 11 anos, durante aquela violência nojenta, veio um clique. Isso é sexo? Deve ser isso então. Que horror é isso."

A resposta para a violência sofrida foi mais agressividade. Mas a violência de Thaís jamais recaiu sobre os outros. Sempre foi focada nela mesma. Começou com socos nas paredes, fortes, intensos, capazes de deslocar o punho, quebrar os dedos. Um dia, no sexto ano, durante o recreio, as professoras serviram uvas em copinhos de vidro para comemorar a Páscoa. Um deles caiu no chão e se espatifou. Thaís ficou encantada, hipnotizada pelo brilho dos cacos. Doía tanto por dentro que, na cabeça dela, era preciso criar uma dor ainda maior. Uma dor que viesse de fora. Veio o primeiro corte, no meio do pátio. O incômodo do ferimento era inexistente perto do rasgo da alma.

"Não sei se as pessoas não viram ou se elas não queriam enxergar aquilo. Elas te veem, te socorrem e levam para fazer um curativo. É mais fácil fingir que nada grave está acontecendo. Tudo quase sempre é um acidente, um acaso. Não sei até que ponto as pessoas não querem ver o que está bem diante delas." Os cortes foram se multiplicando. Não tiravam o nojo do corpo nem libertavam o coração aflito, mas, quando o sangue brotava, enquanto corria, a menina sentia um alívio temporário. As marcas da agonia interior foram sendo tatuadas no corpo inteiro, em locais que a roupa escondia.

Um dia, quando Thaís tinha entre 10 e 11 anos, a mãe voltou mais cedo do ateliê e flagrou uma cena suspeita. Ainda vestido, Celestino se ajeitava sobre Thaís, segurando forte as duas mãos da menina. A mãe não gostou do que viu, mas teve medo de ser precipitada, injusta, de estar supondo maldade onde só havia um deslize de conduta, um exagero. Resolveu se afastar lentamente daquele homem. "Na hora em que ela chegou, ele se apressou em dizer: 'Nós só estamos brincando, não se preocupe'. Pensei que algo iria acontecer", relembra Thaís. Aconteceu, mas não do jeito esperado, desejado por anos.

Celestino ainda voltou algumas vezes, tateando com receio o terreno da impunidade, da dissimulação ou do perdão, mas seu reinado de abusos havia chegado ao fim. O estrago, porém, já estava feito.

Em menos de dois anos, entre os 15 e os 17, Thaís tentou o suicídio duas vezes. As duas da mesma maneira, cortando-se e mergulhando na banheira. Como a protagonista Hannah Baker, da série *13 reasons why*, mas vários anos antes. Na última tentativa, ela finalmente foi diagnosticada com transtorno de personalidade Borderline. Quando acordou de um período de inconsciência, na ala de psiquiatria de um hospital público de São Paulo, estava em outra sintonia. Acordou falando em inglês. Não conseguia dizer uma palavra em português e não era compreendida.

Ficou confusa ao notar a presença de um homem desconhecido, plantado no meio do quarto. "Me lembro de ter um rapaz lá no quarto. Ele estava bem na minha frente, tinha uma cara séria. Eu não sabia quem era nem o que tinha acontecido comigo, onde estava, não conseguia raciocinar direito. Eu estava conversando em inglês, tentando descobrir o que se passava com a ajuda do meu tio. Aquele homem carrancudo disse para mim: 'Você cometeu um crime. Você sabia que tentar se matar é crime?'." Thaís desconsiderou a observação, achou até engraçado na hora. Ela soube depois que o tal homem era um policial civil da delegacia da região que acompanhava o caso.

Alerta número 2 – pelos olhos da Thaís criança:

Na primeira suspeita, acolha seu filho. Peça para ele se abrir, desenhar contando como foi o seu dia, experimente dizer que tudo vai ficar bem; independente do que ele diga, deixe-o desabafar, dando total apoio e respaldo, preste atenção no seu comportamento.
Veja como ele reage na presença de algumas visitas e até mesmo na companhia de um parente. Faça com que seu filho confie que você vai tomar todas as providências necessárias. Na dúvida de como agir, encaminhe-o a um especialista.

Suicídio não é crime no Brasil. Mesmo assim, uma pessoa que tenta se matar pode ser detida. A explicação legal é simples. Para a justiça, entende-se que uma pessoa que quer se matar está passando por um problema psicológico ou um transtorno mental grave que a incapacita momentaneamente de conduzir a própria vida, colocando-a em risco. A polícia pode deter uma pessoa nessas condições porque, em tese, precisa protegê-la de si mesma até que um responsável, normalmente um familiar, se comprometa a mantê-la em segurança.

Há outras possibilidades de prisão: se a tentativa colocar em risco ou provocar ferimentos ou a morte de outras pessoas, mesmo que acidentalmente, e quando há dano ao patrimônio alheio.

Já as práticas de instigar, auxiliar ou incentivar outras pessoas a se matar, como ocorre com o Baleia Azul, são consideradas crime. Nesse caso, com a mesma tipificação legal da prática de eutanásia.

Personalidade Bordeline

De acordo com a Classificação Internacional de Doenças, Borderline é um transtorno de personalidade inflexível e abrangente que começa na adolescência ou no início da fase adulta, permanecendo ao longo do tempo, causando prejuízo e sofrimento. Caracteriza-se por uma personalidade emocionalmente instável, e o indivíduo se encontra quase sempre nas bordas, nos limites, flertando com os extremos. Faz parte de um grupo que envolve outros três transtornos de personalidade: antissocial, histriônica e narcisista.

De acordo com o psiquiatra Neury Botega no livro *Crise suicida*, os portadores do transtorno costumam apresentar, além de instabilidade emocional, impulsividade, tendência manipuladora do comportamento, baixa autoestima, sentimentos de desamparo e rejeição.

O histórico de comportamento impulsivo, os transtornos afetivos e o possível abuso de substâncias psicoativas aumentam de forma significativa o risco de suicídio. Entre todos os transtornos de personalidade, o tipo Borderline é o de maior tendência ao suicídio e às múltiplas tentativas. Segundo Botega, o Borderline também é o único cujo diagnóstico está associado diretamente a atos de autoextermínio e automutilação. Cerca de 75% dos pacientes com transtorno Borderline tentam suicídio pelo menos uma vez, e aproximadamente 10% conseguem consumar o ato, o que torna o diagnóstico precoce e o tratamento fundamentais para a segurança do paciente.

Características de personalidade Borderline:

- Instabilidade afetiva.
- Relacionamentos intensos e instáveis (amor ideal x ódio).
- Impulsividade.
- Instabilidade da autoimagem.
- Sentimento crônico de vazio.
- Esforço extremo para evitar situações de abandono.
- Raiva intensa e sem controle.
- Automutilação repetitiva.
- Ideação suicida.
- Ideação paranoide transitória.
- Tentativas de suicídio.
- Morte por suicídio.

A dor do corpo distrai a dor da alma

Reencontrei Thaís quatro anos depois, em outra série de reportagens. Ela me ensinou muito, me ajudou bastante a desvendar alguns mistérios, manias estranhas e cada vez mais frequentes entre os jovens: o universo secreto das mutilações. Funcionou como uma espécie de consultora. Deu dicas para percorrer um caminho ainda desconhecido, o das comunidades virtuais de automutilação e autoextermínio. Um mundo em que só iniciados podem entrar. Precisam de alguém que os guie, que os apresente.

Nessa época, Thaís já parecia bem melhor, apresentava menos crises emocionais, se cortava menos, mas ainda mantinha um arsenal de objetos cortantes, como estiletes e bisturis. Tudo guardado como se fosse joia.

Alerta número 3 – pelos olhos da Thaís adolescente:

As mutilações normalmente não ficam aparentes. Os jovens usam blusas longas, calças compridas, mesmo no calor. Evitam usar roupa de banho, mesmo ao frequentar a praia ou o clube. Mas quem quer descobrir uma mutilação vai achar. É muito importante conversar sem represálias e castigos, sem dizer que aquilo é uma loucura, que o filho tem um transtorno.

Cortes, furos ou queimaduras são um grito de socorro que precisa ser ouvido o mais rápido possível. Mutilações são indícios de alguma vulnerabilidade grave e dor emocional intensa.

Thais não queria visibilidade. Passou a vida tentando sumir. Mas achou que as informações que dava um dia serviriam para alguma coisa. Talvez ajudassem alguém a não precisar passar pelo caminho que ela e outros jovens tiveram de trilhar. Sua ajuda foi valiosa para quebrar um tabu enorme: o de falar sobre mutilação juvenil em TV aberta, no horário nobre.

Revelou, contrariando uma conduta-padrão entre os jovens nessa situação, algumas palavras ou expressões que servem de códigos de acesso para entrar em sociedades restritas. Em especial, as hospedadas longe do Brasil. Nessa época, em 2013, passei dias tentando liberar algum computador da Record para fazer esse tipo de acesso. Não foi simples.

No início ou no meio do caminho, um sinal de alerta acendia e eu era completamente bloqueada pelos sistemas de segurança da empresa. Depois de informado, o setor que dá assistência em informática liberou o acesso provisoriamente. A chefia de reportagem teve de ser consultada sobre a conduta. Alguns programadores ajudaram na busca. O prazo de liberação para acessar aqueles links era de apenas duas horas. Logo em seguida, tudo seria bloqueado novamente, para segurança do sistema.

Precisávamos de pelo menos alguns trechos dos vídeos para ilustrar a reportagem. Tratava-se de longos e detalhados tutoriais sobre automutilação, gravados direto, quase sem nenhuma interferência de edição. Em alguns momentos, os filmes reais lembravam registros de uma prática corriqueira como fazer maquiagem ou pentear o cabelo. Mas estavam longe disso. Motivo mais do que suficiente para que todas as imagens copiadas fossem desfocadas na edição. A intenção era alertar os pais, mas sem causar pânico ou aversão. Para muitos, o blur, um indesejável borrão que esconde o que se quer ver, é grande aliado em trabalhos dessa natureza.

Em um dos tutoriais, um rapaz aparecia falando inglês. Com caneta e cadernos a postos para marcar o "time code", minuto e segundos exatos do vídeo, comecei a acompanhar a exibição. Em menos de cinco minutos de imagens, fiquei tonta e fui ao banheiro vomitar. O enjoo me acompanhou por duas semanas. Quando falava sobre o assunto com os editores e com a produtora Rosana Teixeira, todo o meu corpo se contraía, meu rosto se contorcia. Um misto de pavor e pesar pela dor alheia.

A reportagem foi feita e ajudou pais e educadores a detectar sinais de alerta, graças ao auxílio de Thaís. Já para ela mesma, o trajeto foi mais complexo, lento e doloroso. O socorro em conta-gotas. Por mais de uma década, Thaís enfrentou dificuldades extremas. As lembranças dolorosas do abuso, a forma agressiva que encontrou para reagir contra tudo e todos, muitas vezes contra a família, a rebeldia, as frustrações em não se aceitar por tantas vezes, a descoberta da homossexualidade sem aceitação imediata, a desconfiança permanente das pessoas que se aproximavam ou que se afastavam de forma repulsiva.

Tudo isso junto deflagrava a vontade de se cortar. Nem sempre de forma superficial. Cortes que atingiam a alma e adiavam a cura clamavam pela morte planejada nos mínimos detalhes. Foram muitos altos e baixos, várias crises sérias que se afogaram de extremos sentimentos. E, quando as coisas pareciam se encaminhar, o acompanhamento terapêutico dava sinais de avanço, algum incidente acontecia. A traição de um colega, a perda de um grande amor, para a vida ou para o suicídio: uma das namoradas se matou; outras, simplesmente a deixaram.

Thaís, mais uma vez, voltava à estaca zero e intensificava a frequência e a intensidade dos cortes, a vontade de morrer. Ela não era do tipo que só planejava. E não tentou apenas uma vez. A menina cresceu sendo embalada por um trauma silencioso ao ouvido alheio, mas ensurdecedor dentro da própria alma. Uma dolorosa puberdade adoecida avançando sobre uma mulher adulta cheia de dor e lembranças amargas. Ela até tentava se manter de pé, acolhida pela própria força de vontade, mas quando algo ruim acontecia era como se o falso avô abusador a jogasse de novo na cama familiar, cheia de espinhos. Tão afiados que, mesmo numa das fases mais iluminadas da vida, impediram que aquela flor se desabrochasse de forma bela e natural. O abuso foi o adubo venenoso no solo tão nobre da vida de Thaís.

O alívio do corte

A mutilação, além de um assunto tabu, é também uma das facetas relacionadas às desordens psicológicas e mentais mais incompreendidas. Por que alguém, em especial jovens e até crianças, por conta própria, provocaria ferimentos em si: queimaduras, furos pelo corpo, cortes nas pernas, braços e até nas costas, locais estrategicamente escolhidos para não serem vistos? Se alguém quer chamar a atenção para um problema, alertar pais e amigos, qual é a razão de esconder o principal vestígio, a pista mais contundente de tamanha insatisfação?

A psiquiatra Jackeline Giusti, do ambulatório de psiquiatria da USP, explica. Além do domínio do tema, Giusti sempre surpreendeu pela forma descomplicada, simples e natural de falar sobre o assunto. Talvez porque receba todas as semanas muitos adolescentes e jovens na mesma situação, acompanhados por mães desesperadas e perplexas.

Não existem estudos ou pesquisas específicas sobre a automutilação, mas os especialistas estimam que um em cada cinco adolescentes recorrem à prática para se livrar da melancolia, da raiva, da ansiedade e outros incômodos. "Hoje, por conta da internet, do bullying digital, da rapidez das coisas, tudo ganha grandes proporções, viraliza a vergonha alheia e expõe esses meninos e meninas", esclarece a médica.

A dor também ganha proporções enormes e um efeito impulsivo. Os jovens não sabem o que fazer. Normalmente a dor sentimental incomoda tanto que buscam um alívio na mutilação. Por mais estranho que pareça, eles relatam que, quando dói o braço, a perna, esquecem temporariamente do sofrimento. É um recurso que alguns usam para acalmar a angústia. É muito mais comum em jovens do que em adultos.

"Quando explode a raiva, o sofrimento, algum dia eles tiveram um ato de impulso e esmurraram a parede, se queimaram no fogão ou arrancaram o cabelo. Naquele momento, perceberam que, junto com a dor, veio um alívio. A partir daí pode virar uma rotina, quando a situação de gatilho se repete", explica Jackeline. As mutilações podem ser temporárias, mas também esconder transtornos e doenças que devem ser tratadas e necessitam da ajuda de um especialista. Na vivência do consultório, cheio de casos parecidos, a psiquiatra percebe o desespero dos pais e a maneira pela qual em geral encaram o assunto.

"Normalmente é um choque. Eles acham que a mutilação é uma agressão absurda, uma forma de provocação. Mas não é isso. Os pais não precisam saber de tudo, mas nesse momento o mais aconselhável é você conversar, não olhar para o corte. Pare e pense o que tem atrás daquele corte, onde está doendo tanto a ponto de seu filho provocar aqueles ferimentos."

Nessa hora, não adianta brigar, ameaçar ou promover castigos. Reações duras, questionamentos agressivos e reprimendas só vão intensificar os sintomas e dificultar o diagnóstico e o tratamento corretos, explica a especialista.

Sinais de alerta:

- Estar sempre com roupas longas, que cubram as pernas.
- Usar manga longa mesmo no verão.
- Uso permanente e exagerado de pulseiras que cubram os pulsos, inclusive para dormir.
- Evitar usar roupas de banho, mesmo quando a ocasião exige.
- Usar apenas blusas fechadas, com golas altas ou que cubram o dorso e as costas.

- Falhas expressivas no couro cabeludo.
- Surgimento de manchas roxas pelo corpo sem explicação plausível.
- Fraturas constantes.
- Mudanças bruscas de comportamento.
- Impulsividade e surtos de raiva.

Quase sempre as provas da automutilação são encontradas por acaso. Um descuido num dia quente, no detalhe da calça mais curta ou da blusa mais cavada. "Os adolescentes sabem que aquilo não vai ser visto com normalidade, mas não conseguem deixar de fazer. Então, quando é frequente, até compulsivo, vão se mutilando em locais pouco vistos do corpo", esclarece a psiquiatra.

Os pais devem ficar atentos quando os adolescentes começam a usar roupas inadequadas para o clima e para a ocasião. Excesso de pulseiras e balangandãs nos braços de forma permanente também pode ser uma forma de esconder cicatrizes.

Os especialistas esclarecem que nem sempre um adolescente que tem surtos e crises de raiva e impulsividade, um jovem que tem transtorno do impulso e que se mutila com frequência vai tentar acabar com a própria vida. Mas a automutilação é um indício de alerta significativo que jamais deve ser desprezado ou ignorado.

"Se aquela criança ou aquele jovem estivesse bem, não se agrediria dessa maneira. Isso não faria o menor sentido, e eles são muito inteligentes, antenados, sabem muita coisa, estão sempre pesquisando os assuntos de interesse. Mas, na maioria das vezes, essas informações chegam deslocadas, incorretas", revela Jackeline Giusti.

Existem grupos de mutilação e suicídio na internet nos quais se trocam informações e técnicas. Não adianta não falar sobre o assunto, reforçar o preconceito. Os adolescentes precisam do filtro, da condução apropriada, da orientação correta. A mutilação é um grito de socorro, mas que, por medo e vergonha, eles querem esconder. No mundo virtual, eles vão encontrar com mais frequência pessoas doentes, confusas, perversas, cheias de problemas. Serão manipulados por psicopatas que estimulam a dor, querem ver os outros sofrer e levá-los à morte.

A mutilação funciona como uma fase preparatória para o suicídio. Caso receba a atenção devida, os sintomas e as reações tendem a diminuir de frequência, de intensidade e em quase 70% dos casos vão deixando de existir naturalmente à medida que as causas são tratadas e eliminadas, seja nas sessões de terapia, nas consultas com psiquiatras ou na mudança de postura familiar.

"Esses meninos e meninas estão desesperados. Estão nas redes sociais, sempre on-line, estão crescendo nesse mundo cibernético, e a idade avançando, se tornando jovens, caminhando para a vida adulta", pondera a psiquiatra. "E aí eles descobrem também que ser adulto é ter compromissos e responsabilidades. De repente, ser adulto não é tão bacana assim. E alguns dizem: 'Assim eu não quero. Assim não vale a pena viver'."

Jackeline Giusti alia duas características muito importantes para conquistar a confiança de seus jovens pacientes: a facilidade de se comunicar de forma simples e direta e o jeito jovial, simpático e respeitoso como trata a todos. "Eles chegam aqui tensos, encolhidinhos, desconfiados. Vão se abrindo e me contam o que está acontecendo. Eu sempre digo: 'Você quer uma boa notícia?'. Eles se espantam. E eu digo: 'A boa notícia é que dá pra resolver tudo isso. Não precisa se cortar, não precisa morrer. É muito melhor quando encaramos de frente, sem corte, sem soco na parede, sem tentativa de suicídio. É mais corajoso, é mais desafiador'. Normalmente, eles se surpreendem e dizem ou pensam: 'Então é isso? Eu não sabia'. E agarram o tratamento com unhas e dentes. É como se pensassem alto: 'Ufa! Achei uma saída'. É daí que vem o verdadeiro alívio."

A psiquiatra também orienta sobre como reagir da maneira mais apropriada ao descobrir a automutilação do filho: se não estiver em condições de conversar sobre o tema, respire e espere um pouco mais até se acalmar. Depois diga que tem percebido as marcas e pergunte o que o tem incomodado tanto a ponto de ele se agredir assim.

"Os pais não precisam ser perfeitos, querer saber tudo, ter todas as respostas. Quando se sentem inábeis e confusos, devem procurar uma ajuda, um encaminhamento. Se aproximar e ter bom relacionamento com os amigos e pais de amigos também pode ajudar e trazer um certo conforto", explica Jackeline. "Geralmente, os adolescentes costumam desabafar mais com os colegas e até com estranhos do que em casa. O que não significa que pais devam ser amigos e deixar de lado o papel de pais. Toda família tem regras, e elas devem ser cumpridas. Manter portas de quartos fechadas, senhas bloqueadas, segredos em família, excesso de privacidade pode não ser sinônimo de respeito à liberdade, demonstração de confiança. Por mais contraditório, na cabeça do jovem, ele pede um 'não', um 'basta'. Ele pede um limite, exige regras que sejam reais e justificáveis. Isso é uma forma de dizer a ele que o ama, que se importa, que quer o bem do seu filho."

Os pais, segundo a especialista, podem ter dúvidas e não devem se sentir culpados com isso, mas mesmo nesse momento delicado devem passar mais segurança que surpresa e decepção. Como o adolescente ainda não tem idade e maturidade para fazer algumas escolhas, tomar decisões dessa natureza, chega a hora de dizer: "Vamos discutir juntos o que se passa, achar uma saída".

A caixa de costura de meninos e meninas de retalho

Em 20 de julho de 2017, eu já me preparava para me desligar de um dia agitado, corrido, como de costume, quando minha filha zapeava no controle da TV em busca da última meia hora de entretenimento antes do sono. A tradicional caça por algum desses seriados infantojuvenis, empoleirada na minha cama. Enquanto ela escolhia o que ver, ouvi em alto e bom tom uma das manchetes do *Jornal da Record*: "Mania perigosa leva jovens a bordar a própria pele na China". Fiquei estarrecida.

Estava no meio da produção deste livro e havia planejado que um dos capítulos teria como foco o ritual de mutilações e autoagressões promovidas por adolescentes. Uma prática cada vez mais comum em casa e nas escolas, mantida em segredo pelos jovens e ignorada por parentes das vítimas e educadores. Tive que interromper a compulsão daqueles dedinhos céleres: "Fica aqui, porque é muito importante que você assista a essa matéria", aconselhei. "Mas eu não gosto de jornal", foi a resposta. "Fica que é importante", determinei.

Começou a reportagem. A correspondente da Record no Japão, Cintia Godoy, relatou o que havia se tornado a mais nova tendência oriental. Se não fossem no próprio corpo, aqueles bordados seriam uma obra de arte caprichada, cheia de detalhes e debruns, confeccionados com esmero. Os jovens da China e do Japão apareciam aos montes em vídeos e tutoriais na internet, sem receio algum, despreocupados, bordando a própria pele, como se fossem uma avó caprichosa colocando enfeites em uma toalha. Com agulhas e linhas coloridas, eles teciam nas mãos, nos punhos e nas pernas estrelas com pontinhas arredondadas, ziguezagues intermináveis, círculos multicoloridos que lembravam uma mandala.

Tinha de tudo. Alguns bordados eram gigantes e meticulosos, tatuagens em relevo. Entre os dedos, prendendo uns aos outros de maneira sutil para não arrancar a pele do lado oposto, pareceu ainda mais impressionante e ousado. As orelhas e até o pescoço não escapavam da tendência, que, dizia a reportagem, "havia se espalhado pela Ásia". Esperava que minha filha – que acompanhou o relato televisivo espalhada confortavelmente na cama, imóvel, sem esboçar nenhuma surpresa, indignação ou incredulidade – tivesse alguma reação. Mas não. Ela parecia estar assistindo a mais um capítulo de seus seriados.

Ao que tudo indica, a costura humana, os bordados de linha e pele, teria sido inspirada num mangá, tradicional história em quadrinhos japonesa. Um dos protagonistas bordava o próprio corpo porque não se sentia bem com ele e queria se transformar esteticamente. Esse mangá fez tanto sucesso que ganhou até uma versão em desenho animado em 2014. Mas, por conta da repercussão negativa e do conteúdo violento, o governo proibiu sua publicação na China. Só não conseguiu censurar e coibir os capítulos da vida real.

Assim que as mutilações fantasiadas de arte invadiram a internet e foram divulgadas na TV, os especialistas se apressaram em fazer um alerta. A atitude refletia um comprometimento psicológico, um efeito imitativo em rede e também poderia causar graves problemas físicos, como infecções e contaminações, já que os materiais usados para costurar quase nunca eram esterilizados e quase sempre eram compartilhados.

"Vá dormir que já é tarde, Lis, e amanhã tem que acordar cedo", foi tudo que consegui dizer ao fim da matéria, e fui recebida com indignação infinita da parte da minha filha, por conta do "toque de recolher" antecipado em alguns minutos.

"Não vou mais me ferir, nunca mais e por motivo algum"

Quando Thaís revelou os motivos das mutilações, da revolta, descreveu o nojo das lembranças do abuso sofrido, a mãe dela também procurou auxílio. Não foi simples nem rápido cicatrizar todas aquelas feridas. Em especial, as invisíveis. Mas depois de vários anos de acompanhamento com especialistas, muitas reflexões, inúmeras atitudes autodestrutivas e conversas dolorosas, um dia, no meio da sessão de terapia, Thaís teve um clique, virou uma chave.

"Naquele momento eu pensei: não adianta toda essa revolta, toda essa angústia, todo esse sentimento revertido em protesto. Não adianta eu nadar contra essa corrente, não adianta eu ficar contra o mundo, ter raiva das pessoas. Eu só estou me ferindo mais e mais, cada dia me afundando, me destruindo. Eu já tentei de tudo. Me machuquei muito fisicamente, tentei me matar duas vezes. Morri aos poucos cada vez que ressuscitei. Acho que não é pra ser. Acho que não é isso, acho que não é esse o caminho. Acho que existe alguém ou algo que me quer aqui. Então, de hoje em diante, vai ser tudo diferente. Não vou mais me ferir, nunca mais e por motivo algum. Vou fazer o oposto de tudo. Vou ser motivo de orgulho e alegria para mim, vou ser uma pessoa de sucesso sem me corromper, sem passar sobre as pessoas.

"Saí do consultório e o primeiro passo foi mudar a cor da roupa. Abortei o preto da minha alma, mudei o rumo e o tom das coisas, o jeito de enxergar. A minha vida é a minha história, não escondo minhas marcas, isto aqui [bate os dedos no braço direito, onde estão as cicatrizes dos cortes] é minha biografia. Sei da minha essência e não vou me contaminar com o que aconteceu. A minha resposta? É ser feliz. Pela primeira vez na vida. Embarcando no ódio, só encontrei o abismo. O amor, só o amor pode curar as pessoas."

Na época da edição deste livro, Thaís se encontrava em um relacionamento sério, sustentado no amor, na alegria e no respeito. Deixou o curso de Veterinária no segundo ano da faculdade, cursou Publicidade, abriu sua própria agência. Na semana anterior à última entrevista, havia fechado negócio com um grande cliente. Resolveu dar seu depoimento para alertar jovens, pais e educadores. Unir forças, dados e informações para que outras crianças não precisem perder a inocência da infância tão bruscamente como ela; para que outras crianças não precisem se machucar e até tentar se matar por conta do abuso praticado por quem deveria cuidar delas.

CVV, BOA NOITE![1]

"Cada um é parte de nós e o que quer que você ajude a curar no outro, você cura em si mesmo."

Robert Happé[2]

Era início de tarde de primavera. Dia 20 de abril de 2017. A equipe de reportagem deixou a sede da Record TV, na Barra Funda, zona oeste de São Paulo, e seguiu até Santo André, no ABC paulista. Numa rua pacata da Vila Alzira o grupo desembarcou da van com toda a tralha típica da TV: tripés, pontos de luz, câmeras e microfones. A única entrevista daquele dia, que poderia se estender até o início da noite, seria naquela casa simples, mas muito acolhedora. Ali funcionava um dos 77 postos do Centro de Valorização da Vida. Uma ONG que desde 1962 se dedica a ouvir e auxiliar, independente da idade, do sexo e do motivo da chamada telefônica ou via internet, todos aqueles que a procuram movidos pela desesperança de viver.

---
1. Colaborou na produção deste capítulo para a série do *Jornal da Record*/TV Record, Rosana Mamani.
2. Escritor holandês, estudioso de religião e filosofia. Viveu e trabalhou com nativos de países como Índia, Tibete, Nepal e florestas do Camboja. Dedica a vida a descobrir e buscar o sentido dela. Atualmente, mora no Brasil.

Ouve-se de tudo na linha do CVV. Inclusive o lamento de quem foi acometido por um sentimento devastador por excesso de alegria contida, não compartilhada. Pode parecer estranho, mas já aconteceu. Há muito tempo, Robert Paris, hoje um dos responsáveis pela ONG no Brasil, era um dos voluntários mais atuantes do CVV quando, durante seu plantão, recebeu a ligação aflita de um imigrante. Ele tinha acabado de ser pai, mas estava a muitas milhas de distância do filho, da esposa e do restante da família, dos amigos. Sentia uma felicidade imensa, mas não tinha com quem dividi-la.

Nessas circunstâncias, a felicidade virou um sentimento devastador, sem controle. Era alegria demais para um coração solitário. Prestes a cometer um ato desesperado, o rapaz teve a ideia de telefonar para o CVV. Do outro lado da linha, encontrou o ouvido atento de Robert Paris, e então pôde desabafar, dividir a notícia, serenar a angústia, acalmar a dor e pensar em uma maneira de voltar para casa.

Inspirado no trabalho realizado pelos Samaritanos em Londres, o CVV é uma associação civil sem fins lucrativos, sem ligação política ou religiosa. Apesar das dificuldades, especialmente financeiras, sobrevive há mais de meio século exclusivamente com dinheiro de doações e a ajuda dos próprios voluntários, que, além do tempo – quatro horas de trabalho semanais –, se empenham na venda de rifas e dos produtos recebidos do público, fora outras ações de arrecadação de recursos. Moedinha por moedinha. No dia da entrevista com Robert, havia edredons, panos de prato e jogos de cozinha e de lençóis embalados cuidadosamente e empilhados na cozinha. Todo o material seria vendido em feirinhas e eventos no mês seguinte. Tudo vindo de doação.

O Centro de Valorização da Vida atua em 18 estados brasileiros mais o Distrito Federal com base em dois princípios básicos, seguindo um manual de "proposta de vida". O primeiro princípio é o do sigilo. Quem entra em contato não precisa se identificar, fala o que sente vontade e encerra a ligação quando desejar, podendo voltar a ligar ou não. Muitas vezes, as pessoas telefonam novamente, meses ou anos depois, para agradecer pela ajuda que impediu um gesto extremo em um momento de desespero. O outro princípio é o mais delicado, ainda mais em tempos de pressa, ideias preconcebidas e impaciência: a arte da escutatória, do saber ouvir, sem afobação, sem julgamento, sem interferir ou influenciar nas decisões do outro. Não é tarefa simples – e requer treino.

Nos dias atuais, acelerada e impulsionada pela falta de tempo e pela competitividade, a maior parte das pessoas não está capacitada para a escuta atenta. Poucas são educadas com base nesse princípio. E é justamente a capacidade de ouvir, a forma como se ouve, não o que se diz ou como se diz, que faz diferença em um serviço como o do CVV. Em alguns casos, quem telefona não diz nada ou demora a ter coragem e forças para desabafar. Do outro lado da linha, um dos 1.800 voluntários segue firme no propósito de ouvir, nem que seja um suspiro ou um choro, sempre com a mesma atenção e respeito.

Não é possível ver o rosto de quem atende, mas a escuta atenta, o respeito demonstrado e bem-treinado faz com que a pessoa sinta-se acolhida. A escuta amorosa cria um vínculo, um fio de confiança que pode salvar vidas. O CVV faz duas exigências para quem quer ser voluntário: ter mais de 18 anos e boa vontade em ajudar. O candidato passa por um processo simples de seleção e treinamento para ver se seu perfil se encaixa às necessidades do trabalho. Alguns têm apenas de aperfeiçoar habilidades.

O serviço funciona como uma espécie de pronto-socorro emocional. Desde o ano 2000, conquistou o direito de receber chamadas em um número telefônico de apenas três dígitos, assim como ocorre com a Polícia Militar, o Corpo de Bombeiros e a Defesa Civil. Quem digita o número 141 de qualquer lugar do país em que o serviço esteja disponível paga o valor da tarifa local. Embora o 141 tenha menos de duas décadas, o CVV é reconhecido como um serviço de utilidade pública pela Agência Nacional de Telecomunicações (Anatel), desde dezembro de 1973. O desafio da ONG agora é a implantação de um sonho antigo, o uso do número 188, que vai permitir ligações gratuitas de todo o país.

A entrada em operação do 188 vem ocorrendo de forma gradual. Começou em 2015, no Rio Grande do Sul. Com a mudança, só naquele ano, o número de chamadas saltou de 250 para 800 por dia. Outros oito estados também passaram a contar com o serviço em setembro de 2017: Mato Grosso do Sul, Piauí, Santa Catarina, Rio de Janeiro, Roraima, Acre, Amapá e Rondônia.

Por ano, o CVV faz cerca de 1 milhão de atendimentos. Atualmente, o tempo médio de uma chamada é de 50 minutos. Pouco tempo, considerada a importância do serviço, mas que pode pesar no bolso de quem já enfrenta uma situação de desespero. A expectativa é de que até abril de 2020, quando todos os estados já terão acesso à linha 188 de graça, os atendimentos dobrem ou tripliquem, desde que a quantidade de voluntários cresça na mesma proporção. Hoje, a maioria absoluta dos contatos é feita por telefone. Desses, 5% manifestam intenção de cometer suicídio ou algum planejamento nesse sentido.

Devido ao aumento da demanda por parte dos jovens, o CVV passou, em 1998, também a atender por e-mail. Em 2010, começaram as conversas por chat, modernizando e expandindo o serviço. Em 2011, teve início o atendimento por Skype. Independente do canal de comunicação e da idade do autor da chamada, os princípios de atendimento são os mesmos. Pelo chat, 70% dos contatos são feitos por jovens com idades entre 14 e 29 anos, que costumam falar mais abertamente sobre a motivação e o planejamento suicida. De acordo com a ONG, depois do lançamento da série *13 reasons why*, a procura por ajuda aumentou em média 400%.

Logo após a exibição da série, muitos jovens que passavam pelo atendimento diziam se identificar com um dos personagens ou conhecer alguém que estava passando por problemas semelhantes aos exibidos. Apesar de ter contrariado várias recomendações dos especialistas em relação à prevenção, a série teve um papel importante: o de enfrentar o tabu.

É preciso falar sobre o suicídio abertamente, embora seja necessário saber como. O assunto exige alguns comportamentos específicos, divulgação correta de informações e cobertura jornalística e representação responsáveis para evitar o chamado "contágio", a propagação da ideia e da prática. Na visão de Robert Paris, o fenômeno do suicídio é complexo e jamais pode ser atribuído a uma única causa.

No fim de agosto de 2017, passado o apogeu da polêmica da série da Netflix e quatro meses depois de a série da Record TV "Suicídio – Alerta aos jovens" ser veiculada pelo *Jornal da Record*, sendo considerada uma referência de conduta na cobertura do assunto, Robert Paris concedeu uma entrevista especialmente para este livro. Nela, revelou como funciona o CVV, bem como algumas técnicas de atendimento e prevenção ao suicídio:

Cleisla Garcia: Qual é o público-alvo do CVV na atualidade?
Robert Paris: Nossa filosofia sempre foi não fazer qualquer distinção; então, o público atendido pelo CVV é bastante variado do ponto de vista demográfico, social e etário. Entendemos que nossa prioridade está nas pessoas desesperadas, em risco de suicídio e com sensação de solidão e/ou desesperança, incluindo pessoas com depressão, ansiedade, esquizofrenia e dependência química.
CG: O número de jovens tem crescido entre as pessoas atendidas?
RP: Sim. Embora não façamos registros, sabemos que, após iniciar atendimento por chat, facilitamos o atendimento para jovens, e isso incluiu também crianças, que passaram a nos procurar.
CG: Quais seriam os motivos desse crescimento?
RP: O CVV percebeu a necessidade de atualizar seus meios de acesso e vem implantando novas tecnologias, como chat e Skype, e está em processo de ampliar atendimento por linha nacional gratuita, o 188. Essa atualização está sendo vital para a divulgação do serviço do CVV entre os jovens e para dar a eles facilidade de acesso na forma que lhes é mais usual.

CG: Como o CVV se mantém?

RP: Basicamente pelo esforço dos próprios voluntários, por meio de doações, rifas e pequenos eventos. Recentemente, temos conseguido apoiadores, como o André Trigueiro,[3] que doa os valores obtidos com direitos autorais de seus livros, além de empresas e fundações, como a Baxter e a Fundação Salvador Arena, que estão contribuindo para a infraestrutura técnica necessária ao atendimento pela linha 188, fruto de parceria do CVV com o Ministério da Saúde.

CG: Quantos centros funcionam hoje no país? Eles funcionam 24 horas por dia?

RP: São 77 postos de atendimento em funcionamento, muitos deles 24 horas por dia – e passarão a atender também pessoas de outras localidades, pela facilidade técnica da linha nacional 188. Nos casos dos postos que têm restrição de voluntários, os plantões são priorizados para os horários de pico de procura.

CG: O que é necessário para ser um voluntário? É feita uma seleção, o voluntário precisa passar por um curso especial? O que eles aprendem nessa escuta afetiva? Existe um perfil de voluntários? Idade, sexo?

RP: Qualquer pessoa com pelo menos 18 anos de idade e tempo para se dedicar a um plantão semanal pode se candidatar ao voluntariado no CVV. O processo de seleção e o treinamento ocorrem simultaneamente no que chamamos de Programa de Seleção de Voluntários, uma série de encontros com parte teórica e extensa carga de simulações práticas de atendimentos. O candidato aprende, principalmente, a acolher a pessoa. Nesse processo ele depreende o que denominamos Proposta de Vida do CVV, que, se internalizada, o habilita a iniciar os atendimentos. O perfil de nossos voluntários, felizmente, é o mais variado possível, desde jovens estudantes na faixa de 18 a 20 anos, profissionais que trabalham de dia e disponibilizam tempo à noite para o CVV, até aposentados que encontram gratificação nesse trabalho.

---

3. Jornalista, autor do livro *Viver é a melhor opção*.

CG: Além de ouvir, o que é mais importante dizer para uma pessoa que quer se matar e demonstra forte ideação suicida?

RP: É primordial que nosso voluntário demonstre, não necessariamente em palavras, que se importa e quer compreendê-la. Muitas vezes, permanecer em silêncio com alguém que não sabe por onde começar a falar é a demonstração mais significativa de respeito. Temos segurança que frases de pretenso estímulo, como "isso passa", "tem gente em situação pior que a sua" ou "você é forte", distanciam as pessoas em crise.

CG: Além dos atendimentos por telefone e internet, o CVV faz palestras e presta auxílio a escolas?

RP: Há muitos voluntários do CVV aptos e dispostos a ministrar palestras e participar de debates em escolas, faculdades, empresas e outras organizações. O CVV tem também trabalhos de ações comunitárias em que se formam grupos para autodesenvolvimento dos participantes e grupos para apoio a sobreviventes do suicídio, entre outras ações.

CG: Quando foi criado e como funciona o Grupo de Apoio aos Sobreviventes do Suicídio (GASS)?

RP: O Grupo de Apoio aos Sobreviventes do Suicídio foi criado em 2014 e hoje temos 18 iniciativas como essa no Brasil, e outras estão sendo organizadas. São grupos de apoio para familiares de vítimas de suicídio e pessoas que tentaram tirar a própria vida que, por meio de mediador preparado e suporte técnico de profissional da área de saúde mental, oferecem apoio mútuo para elaborar e superar a difícil situação pela qual estão passando essas pessoas. Os encontros são organizados de acordo com o grupo, mas em geral são semanais ou quinzenais.

CG: Os amigos e parentes de quem se mata também precisam de auxílio?

RP: Tecnicamente, "sobreviventes" são todas as pessoas impactadas por um suicídio, o que certamente inclui amigos próximos e parentes. As estatísticas provam que essas pessoas têm maior risco de tentativas de suicídio, inclusive estimuladas pela sensação de culpa por não terem conseguido evitar a morte do parente. Precisam de acolhimento de amigos e de voluntários e, em muitos casos, de apoio profissional de psiquiatra ou psicólogo.

CG: Como avalia o ano de 2017 para o tema? O ano do Baleia Azul, de *13 reasons why*, o ano em que o suicídio saiu do submundo do preconceito para estampar as manchetes?

RP: Foi um ano atípico e muito eficaz para conscientização sobre o assunto. Aos poucos está sendo possível quebrar o tabu e falar mais abertamente sobre prevenção do suicídio, o que certamente ajudará muitos a acessarem a ajuda de que precisam. Além disso, o Ministério da Saúde formou um grupo de trabalho, do qual o CVV faz parte, para desenvolver políticas públicas nesse campo. A partir de agora é necessário dar continuidade à exposição do tema, com ações como debates, reportagens na mídia e campanhas como o Setembro Amarelo.[4]

Informações importantes para a prevenção do suicídio
O CVV preparou uma versão resumida de sua cartilha para levar informação a crianças e jovens nas escolas, em forma de perguntas e respostas. Veja a seguir os principais pontos:

1. O que leva uma pessoa a se matar?
Vários motivos podem levar uma pessoa ao suicídio. Além de transtornos como depressão e o uso de álcool e drogas, normalmente a pessoa tem necessidade de aliviar pressões externas e cobranças sociais, que geram culpa, humilhação, ansiedade e sensação de fracasso.

2. Como se sente a pessoa que quer se matar?
No momento das ideias suicidas, a pessoa combina dois ou mais sentimentos ou ideias conflituosas. Um estado interior chamado de ambivalência. A pessoa quer atenção por se sentir ignorada, se sente só, num

---

4. Campanha de conscientização e prevenção do suicídio iniciada em 2014, cuja marca é um laço amarelo. O mês de setembro é dedicado à ampla divulgação de informações sobre o tema.

isolamento insuportável. Algumas pessoas têm necessidade de revidar, descontar nos outros esse mal-estar. Outras querem desaparecer, fugir para um lugar ou situação melhor. Quase sempre estão em busca de paz, descanso, um fim imediato para aquele tormento insuportável.

3. O sentimento e o impulso suicidas são normais?
Pensar em suicídio faz parte da natureza humana, é estimulado pela possibilidade de escolhas. O impulso também é uma reação natural, porém mais comum em pessoas emocionalmente exaustas e fragilizadas por algum motivo, incluindo alguns tipos de doenças e transtornos.

4. Quem se mata mais: meninos ou meninas?
Embora as meninas tentem o suicídio com mais frequência, os meninos se matam mais. Por causas culturais, de costume e de preconceito, essa estatística continua sendo maior na vida adulta entre os homens.

5. O suicídio está vinculado a alguma doença mental?
Os transtornos mentais são relevantes fatores de risco ao suicídio, mas não são determinantes. O suicídio resulta de uma crise, um momento difícil, que varia de intensidade e de pessoa para pessoa, mas que pode ser superado. As pessoas correm menos riscos quando aceitam ajuda.

6. Pessoas que ameaçam se matar podem mudar de ideia?
Sim. Elas podem mudar de ideia caso recebam ajuda preventiva ou oferta de socorro. Essa ajuda pode vir de pessoas comuns, da família, de especialistas e de organizações voluntárias, como o CVV.

7. As pessoas que tentam se matar pedem socorro?
Sim. É frequente pedir ajuda em momentos críticos. A vontade de viver sempre aparece, resistindo ao desejo de se autodestruir. Encontrar alguém que se disponha a ouvir e compreender os sentimentos suicidas fortalece a vontade de viver.

8. Quem está por perto pode ajudar? Como?

É preciso perder o medo para se aproximar e oferecer ajuda. A pessoa que passa por uma crise suicida se sente só, isolada. Se algum amigo aparece e pergunta: "Tem algo que eu possa fazer para poder te ajudar?", a pessoa vai desabafar. E nesse momento não se deve fazer críticas ou dar conselhos. O mais importante é estar preparado para ouvir.

9. Como o suicídio é visto pela sociedade?

O suicídio continua sendo um tabu, um assunto proibido, o que piora a situação. Os homens, por natureza, não se sentem confortáveis para falar da morte, pois isso expõe seus limites e suas fraquezas.

10. O mundo atual tem influência no número de suicídios?

Nossa sociedade enfrenta diversas situações de agressão, competição e insensibilidade. Um terreno fértil para que transtornos emocionais se desenvolvam. O antídoto para combater esse quadro, no momento, é o sentimento humanitário que algumas pessoas possuem.

11. Qual é a média de suicídios no Brasil?

A média é de 6 a 7 mortes por 100 mil habitantes, bem abaixo da média mundial (13 a 14 mortes/100 mil). O que preocupa é que, enquanto a média mundial continua estável, a do Brasil tem crescido. E a maior porcentagem de suicídios é registrada entre os jovens.

12. O suicídio pode ser prevenido?

Sim. Segundo a Organização Mundial da Saúde, 90% dos casos de suicídio podem ser evitados se houver condições mínimas de ajuda voluntária ou profissional.

13. Qual é o primeiro passo para auxiliar na prevenção?

A primeira medida preventiva é a educação. É preciso deixar de ter medo de falar sobre o assunto, derrubar tabus e compartilhar informações importantes e corretas. Como aconteceu no passado com as doenças sexualmente transmissíveis, como a aids, e até mesmo com outras doenças graves, como o câncer. A prevenção só é bem-sucedida quando as pessoas passam a conhecer melhor esses problemas. Saber quais as principais causas e as formas de ajudar pode ser o primeiro passo para reduzir as taxas de suicídio no Brasil, onde hoje 32 pessoas por dia tiram a própria vida.

A arte de escutar

"Sempre vejo anunciados cursos de oratória. Nunca vi anunciado curso de escutatória. Todo mundo quer aprender a falar. Ninguém quer aprender a ouvir. Pensei em oferecer um curso de escutatória. Mas acho que ninguém vai se matricular. Escutar é complicado e sutil. Não basta o silêncio de fora. É preciso o silêncio de dentro. Ausência de pensamentos. E aí, quando se faz o silêncio dentro, a gente começa a ouvir coisas que não ouvia. A alma é uma catedral submersa. Livres dos ruídos do falatório e dos saberes da filosofia, ouvimos a melodia que não havia. Para mim, Deus é isto: a beleza que se ouve no silêncio. Daí a importância de saber ouvir os outros. A beleza mora lá também. Comunhão é quando a beleza do outro e a beleza da gente se juntam num contraponto."

Rubem Alves[5]

As reportagens de TV são muito diferentes das de outros veículos, como jornais, rádios e revistas. O jornalismo é o mesmo, mas o formato muda tudo. Além da apuração da informação, na TV, imagens são indispensáveis. Isso é um grande trunfo, um poderoso aliado. Mas, em algumas ocasiões, torna-se um grande desafio. Foi o que ocorreu na

---

5. ALVES, Rubem. *O amor que acende a lua*. São Paulo: Papirus, 1999.

série sobre suicídio. A Record TV convocou uma grande equipe para a tarefa. Entre os repórteres, fomos escalados eu, Rodrigo Vianna e Luiz Carlos Azenha, além de produtores, cinegrafistas e editores.

A ideia era ter uma hora de material finalizado pela editora Camila Moraes. Para se ter uma noção do que isso representa em jornalismo de TV, seriam necessárias 50 horas de imagens brutas, gravações de áudio e vídeo para transformar tudo em uma hora – cinco reportagens de mais ou menos 12 minutos cada, o que, em televisão, é um tempo longo, dedicado apenas a assuntos considerados muito importantes.

O tema delicado tornava tudo mais difícil, complexo e arriscado. As equipes trabalhavam debaixo de uma lista enorme de recomendações especiais. Era preciso produzir material de excelente qualidade, de grande apelo, cheio de informação relevante, de impacto. Mas não se podia perder de vista que aquele trabalho estava sendo feito com o objetivo de ajudar a preservar a vida. Em nenhum momento poderia fugir desse compromisso. O risco era, sem querer, promover a glamourização do suicídio e provocar no público um efeito imitativo.

Trabalhar sob essa perspectiva faz um repórter aflito ficar ainda mais aflito. As adversidades não eram poucas. O tempo era curto, as entrevistas, complicadas, porque o tema é difícil e muitas pessoas teriam de se expor para tratar dele. Achar a medida certa, o tom exato e preventivo, sem tornar o material piegas, sem avançar nos limites da privacidade, sem causar emoção além da dose, era o grande desafio.

Além disso, as limitações em relação às imagens eram enormes. Alguns rostos não poderiam ser mostrados. Quase nenhuma imagem das instalações e do serviço do CVV pode vir a público. As frases mais ditas pelo pessoal da ONG eram "infelizmente não podemos" e "sinto muito". É assim mesmo que tem que ser. O bom jornalismo não pode abrir mão de princípios nem exigir que suas fontes quebrem seus códigos de ética. O desafio é fazer tudo bem feito dentro das regras.

No CVV, o compromisso com a dor do outro é coisa séria. Prioridade. Receber muitos nãos naquela entrevista permitiu à equipe se lembrar que, mais que imagens de impacto e frases de efeito, uma boa reportagem pode ser a consequência natural de uma escuta atenta. Ouvir com afeto e procurar compreender respostas e ensinamentos que estão sendo compartilhados podem surtir muito mais efeito. Mesmo em uma reportagem de televisão.

Sem câmera nem microfone, conhecer as instalações do CVV foi uma lição de vida. Foi lá que nossa equipe se deparou com um senhor de quase 70 anos. Ele estava numa sala pequena, diante de uma mesa simples, junto a um velho sofá. Falava manso, com voz tranquila e suave. Emitia paz e confiança. Mas o que chamou a atenção em "seu" Antônio, um dos voluntários mais antigos do CVV, foi o modo de atender uma ligação. Enquanto ouvia o desconhecido, pacientemente, ele mantinha os olhos fechados como se fizesse uma prece. Mudava as feições do rosto de acordo com o que ouvia.

Era como se a linha telefônica tivesse ligação direta com o coração e a alma daquele voluntário. Naquele transe, ele nem percebeu nossa presença. Ali estava, personificado, o dom da escutatória. Deu vontade de chorar. Mesmo emitindo pouquíssimas palavras, quem estava do outro lado sabia com certeza que aquele homem o escutava de verdade, que se importava com o que dizia, que estava totalmente ali. E isso bastava.

Há quase duas décadas, logo depois de se aposentar após anos atuando em contabilidade, Antônio começou a se sentir mal. Via crescer dentro de si algo muito parecido com a sensação de inutilidade, de falta de propósito. Uma grande interrogação serpenteava pelos seus dias, perguntando de forma permanente: "E agora? O que fazer?".

Fragilizado, sentindo-se triste, angustiado e vulnerável, sem resposta, resolveu telefonar para o CVV. Do outro lado da linha, atendeu uma senhora. Muito gentil. Falava pouco e manso, mas estava ali. Uma vida se passou na cabeça de Antônio naquele momento, engolindo as palavras, dificultando a fala. Ele sentia, mas não sabia como explicar aquela ligação. Então, um longo hiato se formou entre uma palavra e outra. Segundos que pareciam uma eternidade. Mesmo assim, a mulher continuava lá, firme no seu propósito de ouvir a dor que levou aquele homem tão sistemático a ligar.

Antônio enfrentou um silêncio agudo, amargo, um sofrimento profundo, teve vontade de desligar. E ela continuava lá, sempre lá, atenta. Ele podia perceber, imaginar, se certificar. Então, sem ter como fugir, mesmo querendo acabar com aquilo, botar o telefone no gancho, disse: "Eu não me sinto útil". Do outro lado, a senhora disse, pairando como uma brisa de humildade: "Se sente inútil? O senhor acha que eu sou útil, que eu sirvo para alguma coisa?", respondeu ela com outra pergunta. Antônio não teve dúvida. "Claro! Vejo que a senhora é muito útil à vida das pessoas. Dedica seu tempo ao próximo. É muito dedicada, muito atenciosa com quem necessita de um amparo. Na minha opinião, a senhora é muito útil." A resposta soou como um convite: "Então o senhor não quer se sentir útil como eu?", disse a experiente voluntária. "Mas eu não sou capaz, não sou preparado para isso. Trabalhei a vida inteira com números, com contabilidade. Não sou psicólogo. Será que eu poderia?"

Poderia. Depois desse simples acolhimento, nada além de uma ligação em um fim de tarde, o CVV ganhou um dos seus mais empenhados e antigos voluntários. Há quase 20 anos, Antônio descobriu sua maior habilidade, justamente depois da aposentadoria. Nunca se sentiu tão útil. Em 2017 ele passou a fazer atendimentos também pelo computador.

Alerta aos pais

Crianças e jovens precisam de atenção. Principalmente quando se encontram em períodos delicados da vida, na adolescência, quando os problemas parecem tomar uma dimensão excessiva. Oferecer essa atenção é uma das formas mais eficazes de prevenir as automutilações, a depressão e o suicídio, afirma a psiquiatra Alexandrina Meleiro.

"Muitos pais acham que o filho toma atitudes extremas, como uma ameaça ou tentativa de suicídio, só para chamar a atenção. E é mesmo.

Ele está querendo a atenção dos pais e de quem está à sua volta. Precisa de algo. Por algum motivo, precisa desse olhar especial sobre ele", explica a coordenadora da Comissão de Prevenção ao Suicídio da Associação Brasileira de Psiquiatria. "Então, antes que esse adolescente procure outros meios, inclusive na internet, dê essa atenção a ele, escute, procure ajuda, se for necessário."

De acordo com a psiquiatra, alguns erros e equívocos vêm sendo cometidos de maneira insistente quando o assunto é suicídio. Preconceitos e mitos que só dificultam a compreensão do tema e o desenvolvimento de medidas oportunas de prevenção. Quem pensa em se matar não está à vontade com nada, não se sente estimulado a desabafar diante do complexo estigma criado em torno de pessoas com transtornos psicológicos. Essas pessoas, quase sempre, se sentem envergonhadas, acuadas, discriminadas, e, por isso, enfrentam um sofrimento solitário e silencioso. Mas mesmo esse silêncio não é absoluto. O incômodo é tão grande que praticamente todas as pessoas nessa situação costumam emitir algum sinal de que estão enfrentando esse sofrimento. Mesmo que esse sinal seja indireto.

A maioria dos suicidas dá sinais sobre a ideia da morte que ronda suas cabeças. Boa parte, dias ou semanas antes de consumar o ato, expressa sua vontade a familiares, amigos e principalmente a profissionais de saúde. O problema é que muitas vezes é uma manifestação velada, que as pessoas não percebem porque não dão a devida atenção. Um dos principais problemas é não levar ameaças e insinuações a sério.

O combate sistemático, organizado como política pública de saúde, requer esforços conjuntos e coordenados entre várias áreas, como a medicina especializada e a psicologia dirigida. Pode envolver também outros aspectos relevantes: socioculturais, econômicos e religiosos. A participação efetiva da família é fundamental.

Até 2015, pelo menos 28 países do mundo já tinham implantado planos nacionais de prevenção ao suicídio. O Brasil figura no grupo das nações que definiram diretrizes e metas para enfrentar o problema. Até o ano 2000, o suicídio não era considerado uma questão de saúde pública no país. De lá para cá, as coisas mudaram. Nesta década, o país assumiu perante a Organização Mundial da Saúde o compromisso de reduzir as estatísticas de autoextermínio em 10% até 2020.

O Plano Nacional de Prevenção ao Suicídio elaborado para o período 2013-2017 previa:

- Conscientização da população.
- Divulgação responsável pela mídia.
- Redução do acesso a meios letais.
- Programas em escolas.
- Detecção e tratamento da depressão e de outros transtornos mentais.
- Atenção a pessoas que abusam de álcool e outras drogas psicoativas.
- Atenção a pessoas que sofrem de doenças que causam incapacidade e dor intensa.
- Acesso a serviços de saúde mental.
- Avaliação e segmentos de casos de tentativa de suicídio.
- Apoio emocional a familiares em luto.
- Intervenção psicossocial em períodos de crise.
- Políticas voltadas para qualidade do trabalho e para situações de desemprego.
- Treinamento para profissionais de saúde em prevenção do suicídio.
- Manutenção de estatísticas atualizadas sobre o tema.
- Monitoramento permanente e efetivo das ações idealizadas.

Apesar das metas, até o primeiro semestre de 2017, poucos avanços saíram do papel.

Em outubro de 2017, numa reunião em Brasília, o Ministério da Saúde atribuiu o crescimento das taxas de suicídio no Brasil ao incremento da população e à maior notificação dos casos e anunciou oficialmente que o Plano de Prevenção será lançado efetivamente em 2020, com o investimento em três eixos prioritários: a promoção de estudos e pesquisas, a prevenção ao suicídio com informação adequada à imprensa e normas de divulgação e, por fim, a implantação de um plano de gestão e cuidado com educação permanente de profissionais da área de saúde. A agenda de prevenção também inclui a expansão dos Centros de Atenção Psicossocial, iniciativa do Sistema Único de Saúde (SUS), nas regiões de maior risco.

> Pesquisa realizada pela Unicamp em 2009 a partir de uma lista de domicílios concedida pelo IBGE constatou por amostragem que 17% dos brasileiros já pensaram seriamente em se matar em algum momento da vida. Desse total, 4,8% elaboraram um plano de suicídio e 2,8% chegaram a colocar o plano em ação.[6]

---

6. BOTEGA, Neury José et al. Prevalências de ideação, plano e tentativa de suicídio: um inquérito de base populacional em Campinas, São Paulo, Brasil. *Cad. Saúde Pública*, Rio de Janeiro, v. 25, n. 12, p. 2632-2638, dez. 2009.

Prevenção: onde encontrar

Conheça entidades e instituições que podem oferecer auxílio e informações corretas sobre prevenção ao suicídio:

Centro de Valorização da Vida
Telefone: 141; www.cvv.org.br

Associação Brasileira de Psiquiatria
www.abp.org.br

Associação Brasileira de Estudos e Prevenção de Suicídio
www.abeps.org.br

Associação Internacional para a Prevenção do Suicídio
www.iasp.info

Movimento Conte Comigo, Prevenção à Depressão
www.contecomigo.org.br

Movimento Setembro Amarelo, Dia Mundial de Prevenção ao Suicídio
www.setembroamarelo.org.br

Rede Brasileira de Prevenção ao Suicídio
www.rebraps.com.br

Informações sobre Prevenção do Suicídio
www.prevencaosuicidio.blog.br

Transtornos Mentais e Dependência Química
www.franciscajulia.org.br

12

ONDE MORA A DONA FELICIDADE

O colo quente da mãe era o ninho do menino Sebastião. Quando dona Vitalina de Oliveira não estava quebrando vidros no grande pilão de madeira fincado no quintal da casa para fazer mosaicos de cemitério e igrejas, em Assis, no interior de São Paulo, o colo sempre estava à disposição do caçula dengoso da família numerosa de sete irmãos.

As privações eram muitas, mas Sebastião nunca teve dúvidas. Era lá, naquele colo materno, que morava a sua felicidade. Quando o sol esquentava, quando o frio apertava, quando a comida chegava ao fundo da panela. Era para lá que ele corria, só concorrendo com os pequenos cacos de vidros coloridos que serviriam para compor lindos painéis de túmulos e jazigos. Ele sabia. Naquele colo desaparecia qualquer tristeza pueril. Melhor ainda quando era noite e, juntos, mãe e filho namoravam a lua cheia que aprisionava dentro um cavaleiro branco, como contava dona Vitalina em dezenas de histórias fantásticas.

Aos 9 anos, Sebastião perdeu a mãe, vítima de um infarto fulminante. Dois anos depois, se foi o pai, levado por um câncer devastador no intestino. As crianças menores, que na época, meados da década de 1980, eram três, foram criadas pela irmã mais velha, que morava no interior de Minas Gerais.

Sebastião Nicomedes cresceu assim. Antes da hora. Nunca teve medo de dificuldades e trabalho. Sem colo, enfiou a cara nas obrigações e no serviço pesado. Fez de tudo. De auxiliar de pedreiro a chapa de caminhoneiro. Mudou-se sozinho para São Paulo ainda antes de completar a maioridade. Na época em que a publicidade e os anúncios eram estampados sem controle em muros e paredes da grande metrópole, ele se tornou um letrista disputado.

Suas letras tinham forma e brilho, como se fossem pequenos cacos de vidros esculpidos na parede, prendendo a atenção das pessoas numa atração quase hipnótica. O talento dedicado levou Sebastião a prosperar. No dia em que abriu o próprio galpão, perto da avenida Celso Garcia, na zona leste de São Paulo, mostrou as letrinhas para alguns comerciantes locais. Em menos de doze horas, conseguiu sete clientes.

No dia 12 de fevereiro de 2008, subiu bem alto no andaime para esculpir o primeiro de tantos trabalhos. E, de lá, despencou, quebrando o punho que escrevia, esfolando o corpo, desviando a coluna, avariando temporariamente as ideias. Na queda, Tião achou que estaria no colo da mãe. Ainda não. Depois da internação de duas semanas, se viu na rua, sem trabalho, sem renda, sem punho para escrever.

Tião passou a viver como mais um dos milhares de moradores de rua da cidade de São Paulo. Em 2015, segundo a Fundação Instituto de Pesquisas Econômicas (Fipe) e a Prefeitura de São Paulo,[1] havia cerca de 16 mil pessoas nessa situação na capital paulista. Tião dividia sua

---

1. FUNDAÇÃO INSTITUTO DE PESQUISAS ECONÔMICAS; PREFEITURA DE SÃO PAULO. *Censo da população em situação de rua da cidade de São Paulo, 2015 – Resultados*. Disponível em: <http://www.prefeitura.sp.gov.br/cidade/secretarias/upload/assistencia_social/observatorio_social/2015/censo/FIPE_smads_CENSO_2015_coletivafinal.pdf>. Acessado em 13 de novembro de 2017.

perambulação entre a região do Viaduto do Chá, no centro da cidade, e a do Mercado Municipal, onde nunca faltou alimento.

Numa noite fria, ele achou que viver aquela vida de morador de rua, que muitos chamavam de mendigo, não era para ele. Já fazia algum tempo que vinha pensando em se matar. Tinha muito brio para perambular assim, sem destino, sem meta, sem endereço. Mas como? O pesadelo daquela rotina foi empurrando Tião para o alto do viaduto. Enquanto subia a escadaria brilhante pelo chuvisco que caíra poucas horas antes, foi tentando ganhar coragem para o autoextermínio, mas ela não vinha. Ele continuou. Chegou ao alto do viaduto.

Sabia que precisava ser breve para não ser interrompido por ninguém, interceptado pela polícia ou impedido por si mesmo num momento de consciência. Sem querer, olhou para o chão. Sentiu enjoo, vertigem, medo e arrependimento. Faltou o chão, até se desequilibrou. Sem colo, achou que seria mais fácil pular no vazio olhando para o alto e virou o rosto para o céu.

Mas, lá no céu, não achou a coragem. Estampado com pequenos cacos de vidro, estava o colo que faltava no assoalho da cidade grande, uns 30 metros de altura abaixo do abismo. Ela estava enorme, gigante e brilhante. A lua era cheia, a mais cheia de todas, e o cavaleiro que tinha dentro talvez fosse o mais imponente que Tião jamais havia visto. Uma luz estranha tocou os olhos daquele homem e por algum motivo, em vez de corajoso, ele se sentiu covarde.

O andarilho foi tomado por uma emoção sutil, mas sem precedentes, dessas que fazem a boca tremer. Sem olhar para baixo, tentou se equilibrar cuidadosamente e voltar para terra firme. Sua felicidade morava na lua, e lá deveria permanecer.

Quando Tião me contou sua história, em meados de 2017, por acaso, durante outra série de reportagens, resolvi repetir a mesma pergunta para vários sobreviventes diretos e indiretos do suicídio e também para especialistas que dedicaram a vida a tratar esse fenômeno. Aprendi com Tião da Lua que não se pode encontrar a felicidade. É ela quem te visita. Porque felicidade não é o destino, é caminho.

Não se trata de uma decisão única e permanente, não existe para sempre. É uma escolha diária. Tire suas próprias conclusões, faça sua própria aposta. Mas, caso queira alcançá-la, terá que buscá-la sempre. E aceitar que ela não tem coordenadas definidas. Não está em um lugar específico. Como Tião naquela época, dona Felicidade também não tem casa, não tem endereço, não tem CEP. Resolve aparecer quando dá na telha, dependendo da lua.

Jackeline Giusti, psiquiatra e psicoterapeuta de crianças e adolescentes

Ninguém "nasce feliz". Para ser feliz, é necessário um trabalho diário.

Há pessoas que se sentem infelizes e pensam na felicidade como algo que deveria vir ao seu encontro gratuitamente ou, às vezes, por meio de algum tratamento, alguma pílula mágica. Outras tentam justificar sua infelicidade com decepções passadas, atribuindo a outros o seu destino.

Nas redes sociais, vemos pessoas sorrindo, fazendo viagens maravilhosas, encontrando amigos queridos, fazendo comentários sobre festas inesquecíveis. Isso nos dá a impressão de que todos são felizes e que "só eu não tenho amigos fiéis, não consegui viajar para nenhum desses lugares famosos, tenho notas ruins no colégio"... Isso deixa quem não está bem ainda mais infeliz... É diante desse cenário que muitas vezes surge uma "solução mágica" para diminuir o sofrimento: a automutilação e, às vezes, até o suicídio...

Automutilação e tentativa de suicídio não são solução para nenhum problema e não trazem felicidade alguma. Ao contrário.

Se você chegou a pensar ou tentar suicídio ou automutilação, sugiro procurar ajuda especializada. Muitas vezes esses sentimentos são causados por sintomas de uma doença chamada depressão, que, como toda doença, deve ser tratada. Depressão não é sinal de fraqueza, como muitos acreditam. Ninguém escolhe ficar doente, mas pode acontecer com qualquer um.

Mesmo em depressão, mesmo que esteja em tratamento, isso não o isenta de procurar a dona Felicidade. Essa busca também vai ajudar no seu tratamento. A medicação muitas vezes é necessária, mas, ao contrário do que muitos esperam ou imaginam, não é a solução.

E então? Onde mora a dona Felicidade?

A felicidade é um processo ativo; para ser feliz é necessário deixar as lembranças ruins e os ressentimentos no passado, viver o presente e se responsabilizar por sua própria vida.

Para ser feliz é importante sonhar e, a partir desses sonhos, fazer planos para que eles se tornem realidade. Se você não sonha, não tem como se sentir realizado, pois não deseja ir a lugar algum.

Também é preciso cuidar dos sonhos e se perguntar: "Quero isso porque eu gosto?". Ou "Será que estou desejando porque acredito que a maioria das pessoas que eu conheço acham isso legal, portanto eu também vou achar?". Uma dica é: pense em algo que te deixaria satisfeito e feliz, mesmo que não contasse para ninguém, não publicasse em nenhuma rede social. Hoje as pessoas estão muito preocupadas com as aparências nas redes sociais e se esquecem de perguntar a si mesmas se realmente gostam do que são ou fazem, independente da opinião de outros.

Só sonhar também não basta. É importante fazer movimentos para que esses sonhos se realizem, observar e comemorar cada avanço que damos nesta direção. A felicidade está em detalhes, em coisas simples que muitas vezes passam despercebidas. Às vezes buscamos felicidade em uma promoção no emprego, uma nota na escola. Isso pode trazer felicidade, mas estar com a família, observar uma bela paisagem, rir de algo que fizemos desajeitadamente e não deu certo também pode nos fazer feliz. A felicidade pode estar mais perto do que imaginamos.

É importante viver a vida de forma leve, aceitando o que não conseguimos fazer direito ou como gostaríamos e comemorando o que deu certo. Um passo atrás ou um escorregão não pode ser motivo para desistirmos, mas para nos aprimorarmos, pensando em novas estratégias para conseguirmos o que é importante para nós, mas não como uma obsessão, e sim como uma forma de nos reinventarmos, de criarmos novos desafios. Emoções dolorosas como raiva, tristeza, decepção fazem parte da vida, todos já se depararam e/ou irão se deparar com elas em algum momento, e isso também não pode ser motivo para desistir.

É importante acreditar, ter esperança, aceitar as barreiras e não desistir. Se existe uma dificuldade, acredite que conseguirá passar por ela. Aceite essa oportunidade de crescer e encontrar novas estratégias para continuar vencendo. Arriscar, experimentar, também faz parte.

Onde mora a dona Felicidade?

Dentro de você. E cabe a você despertá-la!

Neury Botega, psiquiatra

Cada um de nós é o resultado de uma combinação singular de biologia e biografia. A genética está evoluindo, é verdade, mas estamos muito longe de, já ao nascer, alterar substancialmente o que de nosso destino possa depender da hereditariedade. Então vamos focalizar o que podemos fazer com nossa biografia, nossa história de vida.

Certa vez, durante uma pesquisa com adolescentes grávidas, deparamos com um dilema que nos deixou muito sensibilizados: quantas fantasias, naquelas jovens ainda inexperientes, cercavam a chegada de um bebê e, ao mesmo tempo, quantas adversidades psicossociais já marcavam o ambiente em que uma criança iria crescer! E ficou claro para nós que a prevenção de transtornos mentais deveria se iniciar antes do berço, já durante o pré-natal.

Vários estudos populacionais confirmam que negligência e abusos sofridos durante a infância predispõem a vários transtornos mentais e ao suicídio. Como é importante o ambiente familiar, o diálogo! O interesse e o cuidado com o outro começam em casa e se ampliam no ambiente escolar. As escolas, além de um conteúdo informativo, são importantes na formação de uma pessoa ética e solidária, aberta às diferenças entre os indivíduos e capaz de navegar em ambientes de adversidade pessoal e comunitária.

Chegamos à adolescência, quando se consolida a segunda gestação do ser humano. Refiro-me à gestação psicossocial, com a incorporação dos costumes familiares e culturais, das regras da sociedade e do interesse pelo outro. À medida que incorpora conhecimentos para a vida adulta, o adolescente precisa consolidar sua identidade, afirmar-se como pessoa e dar os primeiros passos para encontrar um sentido para sua vida.

A esperança move este mundo. Um adolescente necessita de acolhimento e de um alento para o futuro. O que pensar de uma sociedade que descuida dos jovens, que não lhes garante proteção e condições para o crescimento pessoal? O que pensar de uma sociedade com índices altíssimos de homicídios e de acidentes de trânsito, uma sociedade que olha passivamente, ano após ano, o aumento das taxas de suicídio entre os jovens?

Se você é um adolescente, deve estar se perguntando: "E eu, o que faço agora?! Não consigo mudar tudo o que aí está!". Vou tentar ser bem conciso e pragmático, por meio de dois pensamentos. Veja o que você acha.

Primeiro, se você chegou até os dias de hoje é porque teve suficiente força de vida. Procure se concentrar nas boas coisas que já conseguiu fazer e viver. É preciso ter planos, mas não deixe de viver cada dia, um dia depois do outro, dedicando-se com afinco àquilo que a sua intuição e a sua consciência lhe indicam. Problemas e crises, afinal, sempre existirão, basta estar vivo! Procure dentro. A felicidade mora dentro.

Segundo, estamos ocupados demais com a internet e com as redes sociais virtuais. Tem coisas boas nisso, mas há muita bobagem e superficialidades no ar. O que faz as pessoas mais felizes? As pesquisas confirmam: interação humana, com bons relacionamentos próximos, presenciais e confiáveis. Isso não nos é dado, ter amigos e ser um bom amigo é uma conquista! É algo que precisa ser cultivado em nossa vida. A felicidade se fortalece na interação com o outro.

Carla Hidalgo, sobrevivente

Nem mesmo os mais estudiosos da Psicologia chegaram a um consenso. Uns defendem a idéia de que a vida vale pelos prazeres sentidos. Outros por tudo que já foi vivido e construído. Outros ainda pelo o que se tem para viver. Seja lá qual for a ideal para cada um, eu preferi adotar as três teorias.

Quero curtir muitos momentos bons, longos ou apenas prazeres momentâneos. Quero olhar para trás e lembrar de coisas passadas com um sorriso de canto de boca. Quero ainda fazer muitos planos para os anos que estão por vir.

Posso cada dia querer uma coisa diferente, cada dia acreditar em algo diferente. Mas jamais deixarei de querer algo. Melhor ainda se for mudando de vontades, dá um ânimo e um gás diferentes e sempre novinhos e a todo vapor. Afinal, alimentando o bichinho dos sonhos e da empolgação de dentro de nós com alimentos diferentes, não há tédio nem enjôo de nada, nunca.

Nunca fui adepta ao conceito de ser ou não feliz. Prefiro a idéia de "momentos". Temos momentos felizes e momentos infelizes. Para que generalizar e ficar com uma única definição se podemos dividir e nos encher de diversas histórias? Aqui vale a máxima: "A VIDA É FEITA DE MOMENTOS". Momentos bons, momentos ruins, momentos intensos, momentos leves, momentos Zé, momentos Maria e qualquer outro nome que se queira dar. É seu e você faz o que quiser com ele.

Assim como todo e qualquer momento da vida, ELE PASSA! O bom passa e deixa um gostinho de "quero mais". O ruim parece uma eternidade, mas, acredite, ele também passa (e deixa um gostinho de "quero mais é esquecer"). Enfim, cada um chama como quiser, cada um sente de uma forma, cada um tem o seu momento. Mas todos eles passam.

Afinal, "cada um sabe a dor e a delícia de ser o que é".

Carla Hidalgo.

Valdete Maria da Silva, mãe de Edvaldo

Recomeço...

O telefone tocou na manhã do dia 07 de abril de 2015 e uma voz enlouquecida gritou "O Edvaldo pulou do prédio e está morto...". Poucas são minhas lembranças dos dias que se seguiram.

Lá estava eu de novo presa em meu quarto, em meu deserto - estava com apenas 1 ano e 7 meses que eu havia perdido meu marido, meu grande amor, para um aneurisma estúpido. Pensei em desistir... "como explicar a perda de dois grandes amores num espaço curto espaço de tempo? Como explicar a perda de um filho? Isso não contraria as leis da natureza?". As perguntas eram muitas e nenhuma resposta. Numa das tardes de profundo recolhimento, deitada em posição fetal, questionei Deus o porquê de tamanha dor; e, amorosamente, Ele me fez olhar para meu passado e relembrar todas as minhas perdas (irmão, pais, marido e agora o filho) e que havia uma força que me levantava sempre, que me colocava de pé, que me fazia recomeçar: essa força era minha fé, era os braços acalentadores de Deus. Daí por diante fui entendendo a lógica da vida-morte. Então pensei: se não há nada humano que me explique a lógica de se perder um filho, deixo para Deus todas as explicações e, no momento certo, Ele me fará entender.

A partir de então, experimentei uma sensação de liberdade, como se a leveza da vida tivesse tomado conta de mim. Entendi a brevidade da vida; a necessidade de ser mais autêntica nos sentimentos, a dar mais valor as relações pessoais, a dizer mais "eu te amo" sem se importar com a hora ou lugar, aprendi a me conectar mais com a natureza e me permitir aprender suas belas lições (não deixo mais faltar um jarro de planta com flores em meu banheiro, o ciclo das flores me ensina muito). Tive que rever meus conceitos e preconceitos. Tive que me reinventar.

Por tudo isso, compreendi que vale a pena continuar a viver, pois todos nós temos uma missão individual e coletiva aqui na terra. Para cumprirmos bem essa missão, só precisamos encontrar e cativar o amor que já existe dentro de nós; quando encontramos e exercitamos esse amor é inevitável que ele se irradie e alcance as pessoas ao nosso redor.

Onde mora a dona felicidade? ah, a felicidade! ela mora em mim, mora em você, mora em nós. Ela começa em mim quando descubro que nada, absolutamente nada, vale a pena, se não o amor. Tudo por Ele, para Ele e com Ele.

Valdete Maria da Silva

Elizabeth Monteiro, pedagoga, psicóloga e escritora

Nasci em 1949 e fui criada no Brás, um dos bairros de São Paulo formados por imigrantes italianos. Toda a família morava por perto, e toda a vizinhança se conhecia. Lembro-me do cheiro das linguiças dependuradas nas cozinhas, do alho, do café e do pão quente que exalava dos fogões de lenha. Lembro-me da garrafa de vinho presente em todas as mesas. Lembro-me também do som do vento batendo sobre as roupas a secar nos varais estendidos nas janelas, expondo as intimidades dos casais: as calçolas enormes feitas de algodão, que as gordas mulheres usavam (gordura = formosura), as ceroulas dos seus maridos, os lençóis, tudo ali branquinho. As roupas eram lavadas à mão e fervidas. Exalavam o cheiro do ácido contido nos duros sabões de pedra e o cheiro do sol.

Ali, ao lado da minha casa, morava dona Felicidade: uma matriarca, matrona italiana, que reunia todos os filhos, netos e amigas para o lanche da tarde. Ela preparava um monte de guloseimas italianas e comíamos tudo aquilo acompanhado de uma bela caneca fervendo de café com leite de cabra. Nunca me esqueço dos sabores dos *cannolis*, *strufollis*, da "cueca virada", espécie de pãozinho frito, semelhante ao bolinho de chuva, coberto com açúcar e canela.

Dona Felicidade sempre tinha um bule de café quente sobre o fogão de lenha e uma bela broa de pão com linguiça para servir a quem quer que fosse. Aquilo era muito quente! Queimava não só a língua como os lábios e o céu da boca daqueles desavisados ou famintos que ainda não tinham adquirido a experiência necessária e a calma para deixar esfriar aqueles sabores. O problema era que as crianças estavam sempre, sempre famintas. Nossas mães tinham calma, naquela época. Não precisavam engolir tudo às pressas e aquele era um momento que, quanto mais tempo durasse, mais nos deixava felizes.

A mulherada falava mal da vizinhança, chorava seus defuntos maridos (que sempre viravam santos), ria das sirigaitas do bairro e nós, as crianças, nos lascávamos de brincar.

Na casa de dona Felicidade, o tempo era algo atemporal. As crianças brincavam na rua de terra. Era o máximo ter nossas mães junto, nos ensinando as suas brincadeiras de infância, e ver nossas avós nos assistindo brincar, sentadas nas cadeiras que colocavam na calçada. As gerações se misturavam e todos conviviam como se tivessem uma só idade. Mais tarde, chegavam os homens. Eles viravam as cadeiras e sentavam-se com o encosto das cadeiras entre as pernas abertas, apoiando os braços no espaldar.

Os homens falavam de futebol, política e trabalho. Enrolavam um cigarrinho de palha e contavam piadas cabeludas sob os vigilantes olhares de suas mulheres. Alguns se arriscavam a se engraçar com alguma sirigaita que passava e, de vez em quando, um deles levava um beliscão da mulher quando se excedia nas brincadeiras.

Mas o bom mesmo era entrar no porão da casa da dona Felicidade.

Esse porão era mágico! Dentro dele existiam fantasmas, caveiras, tesouros e o tal do Barba Negra. Aquele que matava as mulheres e escondia seus corpos nas paredes. Era de arrepiar! Somente os mais velhos podiam entrar lá.

Uma vez, encontramos a tão desejada lâmpada de Aladim. Que medo! Que excitação! Ficávamos divididos entre o desejo de esfregá-la e o temor de dar de cara com o famoso gênio. Como ele seria? A prudência mandava não mexer com aquilo. Mas, na verdade, não tínhamos nenhum pedido a fazer ao gênio. Nada nos faltava. Tínhamos o tempo que precisávamos para crescer, o amor e a atenção dos nossos pais, familiares, amigos, vizinhos... Afinal havia tanta gente nos cuidando... Pai e mãe dentro de casa, dinheiro suficiente para viver, pressa para nada, poucas cobranças, muito a brincar... Para que esfregar essa lâmpada? O que pedir ao gênio?

Dinheiro? Coisas caras? Alegria? Liberdade? Aceitação? Atenção? Presença? Brinquedos? Oras! Ninguém pede aquilo que não lhe falta!

Conseguíamos ser felizes com o que tínhamos e com o que éramos.

Na casa da dona Felicidade, encontrávamos o que porventura poderia nos faltar naquele dia. Exatamente isso: vivíamos o dia a dia.

Se a escola tinha sido difícil, na hora do lanche na casa da dona Felicidade as pessoas nos ajudavam. Se a mãe tinha brigado com a gente, ganhávamos um colo acolhedor e conselhos de como nos comportar. Se os nossos pais brigavam (o que era raro), os homens conversavam com o papai e as mulheres com a mamãe.

Se alguém não tinha dinheiro, todos ajudavam. Quando alguém morria, as pessoas não saíam das nossas casas até encontrarmos o conforto. O famoso gênio da lâmpada de Aladim morava nas pessoas que frequentavam a casa da dona Felicidade.

As pessoas se conheciam, namoravam e se casavam na casa da dona Felicidade. Ela ajudava no parto das crianças e no enterro dos nossos velhos.

Dona Felicidade... Após tantos anos lembrei-me exatamente dela ao ser requisitada para dar este depoimento... Saí do bairro aos 15 anos. Logo depois, dona Felicidade morreu. Morreu, mas permaneceu viva em nossas experiências e valores de um tempo que não volta mais.

Nem sua casa existe mais, sabia? Foi soterrada com todos os nossos tesouros, que hoje permanecem nas saudades das nossas lembranças. Em seu lugar, foi construído um edifício residencial. Dona Felicidade continua acolhendo pessoas.

Hoje ela mora nos bons instantes que nos remetem à nossa infância. Mora nas pessoas queridas que nos amam, no trabalho que realizamos com amor e prazer.

Dona Felicidade mora naquele pequeno momento em que conseguimos agir de maneira coerente com o que somos. Naquele momento em que conseguimos ajudar alguém e desfrutar do fato de sermos nós mesmos.

Dona Felicidade não tem mais moradia fixa, mas eu sei onde encontrá-la. Todos aqueles que tiveram uma infância feliz podem encontrá-la no *aqui* e no *agora*, nos pequenos momentos, em uma xícara de café com leite e pão com manteiga na chapa.

É importante saber que não se é feliz. Se *está* feliz. Quanto mais momentos felizes tivermos, mais felizes estaremos. É preciso parar de buscar a felicidade a todo custo. Ela aparece! Surge quando menos esperamos. Basta estar receptivo para poder senti-la. Afinal, o sol também produz sombras e é muito importante conhecer a noite.

Descobri que, assim como o perdão, a felicidade é uma decisão a ser tomada na vida. Em tempos nos quais só se valorizam as obrigações, o trabalho, a produção e a colheita material, é necessário se decidir pela felicidade de não "ter de"...

Tião da Lua nunca mais tentou se matar. Depois da tentativa de suicídio no viaduto, em março de 2008, passou a ser catador de papel e de material reciclável, reuniu cachorros e pessoas em torno de si. Arrumou uma namorada, juntou dinheiro, se hospedou em algumas pensões perto da região da rua 25 de Março e, depois de dois anos, alugou uma pequena casinha na periferia da capital paulista.

Hoje, Tião trabalha na ONG Rede Cidadã, na rua Barão de Itapetininga, no centro, a menos de 1 quilômetro de onde tentou pôr fim à própria vida. Sebastião Nicomedes é um empenhado mobilizador social, ajudando centenas de moradores de rua a retomar a dignidade, o trabalho, o emprego, a ter de volta um lar.

Só até novembro de 2017, com sua ajuda, a ONG já havia encaminhado ao emprego 1.600 moradores de ruas albergados. O ex-letrista, o ex-morador de rua, o filho de dona Vitalina se alegra em ajudar outras pessoas que atravessam conflitos, problemas e situações de vulnerabilidade parecidos com os que ele já enfrentou. É que Tião entende como poucos a dor alheia, como um curador que já foi ferido. Mas, quando bate a tristeza, e ela bate, principalmente no Natal, ele olha para o céu para nunca se esquecer do poder da lua, para ver se acha de novo a dona Felicidade.

POSFÁCIO

O FILHO DA PERUQUEIRA

"Por vezes, as pessoas não querem ouvir a verdade. Porque não desejam que as suas ilusões sejam destruídas."

Friedrich Nietzsche

Como era bonito o filho da manicure. O garoto tinha os olhos gigantes e negros. Pareciam duas jabuticabas brilhantes prontas para explodir de ternura. Os cabelos eram fartos, escuros e muito lisos, cortados de forma arredondada, como se tivessem botado uma cuia em sua cabeça. Ainda por cima, ele movia-se de forma elegante, disciplinada, estava sempre bem-disposto e feliz. Mostrava-se gentil e generoso com as pessoas, apesar da pouca idade.

Veio para trazer luz e alegria àquela família humilde. Um comportamento no mínimo inusitado para o filho de pais semianalfabetos que aprenderam os poucos bons modos que tinham por intuição. Como o garoto dispunha de poucas peças de roupas, nas ocasiões mais nobres, ou até para passear no mercado, usava o terninho azul-marinho que ganhara do avô, um lavrador pobre que o amava muito.

O menino estava com três anos e meio. Enquanto a mãe trabalhava duro como manicure no salão da periferia, ele se entretinha no quintal com seus brinquedos improvisados. A babá era um cachorro sem raça, preso por uma longa corrente a uma gigantesca e frondosa mangueira. Sultão era bravo, um vira-lata com cara de pastor-alemão que botava medo na vizinhança, impunha respeito. Ninguém chegava perto do menino. O cachorro tinha um latido feroz, soltava um estrondo no quintal de terra batida. Mas, para o filho da manicure, só abanava o rabo. Que grande babá era o Sultão!

O menino era uma unanimidade, admirado por sua ternura e disciplina. Por isso, virou o mascote do salão em que a mãe trabalhava. O queridinho das clientes. As mesmas que passavam horas "laqueando" o cabelo nos efusivos penteados da década de 1970. A manicure sentia dores nas costas por passar tantas horas curvadas aos pés da vaidade alheia. Mas gostava de estar ali, ouvindo as histórias das madames do bairro simples e empoeirado.

Dizer que aquela mulher era apenas manicure poderia soar como desonra. Ela também limpava o salão, prendia bobes no alto das cabeças – de todo tipo de cabelo – e tinha um imenso talento para a época. Seu verdadeiro ofício era fazer perucas de cabelos naturais, tecer nas redinhas de fios amarronzados grandes rabos de cavalo ou mechas que dariam volume às madeixas das clientes mais entusiasmadas.

O filho da peruqueira tinha poucos amigos na vila em que morava porque não saía muito de casa, só com os pais. Mas existia um garoto na vizinhança que sempre seguia seus passos quando ele se afastava de Sultão. Um vigilante atento. Era uma sombra que aparecia do nada. Dizem que não existe criança ruim, mas aquela era diferente. Indecifrável para as pessoas e os padrões da época. O menino, um ano mais velho, tinha capacidade de manipulação descomunal, incompatível com a idade.

Um dia, do nada, o filho da peruqueira sumiu. Só foi encontrado no fim do dia, aos prantos, carregando o velocípede, todo vermelhinho de tanto desespero e sol no rosto. Sem ar de tanto chorar e bem desidratado pela falta de água e pelo excesso de exposição ao calor.

O vizinho, que o garotinho achava ser um amigo, o tinha levado a um lugar deserto, longe de casa. Disse que iriam passear, mas, quando o menino se distraiu com alguns gravetos, o outro sumiu. O pequeno se perdeu. Foi encontrado por um grupo da comunidade que passou a tarde procurando por ele. Vários parentes participaram das buscas.

A mãe, desesperada, não sabia mais o que fazer. Sempre achava que o pior poderia acontecer com o que havia de melhor em sua vida: Clay. Sim! O mesmo nome de um dos protagonistas da série *13 reasons why*. Só que 43 anos antes. E não se tratava de ficção.

Como o outro garoto era de família mais abastada, filho de um juiz de menores, ou que pelo menos se apresentava assim, a mãe de Clay resolveu deixar para lá. Preferiu, por ora, trancar a porta de casa com seu tesouro dentro. Não foi suficiente. Bastava um descuido para que o "animigo"[1] desencadeasse sua sucessão de maldades.

O garoto parecia endemoniado. Jogava barro nas roupas limpas do varal, prendia o amigo menor em galões de plástico até ele quase morrer sem ar, exibia comportamento violento. Mas nada foi tão grave e chocante quanto o que fez com o novo e querido bicho de estimação do filho da peruqueira.

Clay estava feliz havia dias com o presente que ganhara do pai na feira livre. A mais nova companhia era um pintinho, bem fofo e amarelinho. Parecia de pelúcia. Clay andava com o bichinho delicado para cima e para baixo, dando farelo de milho, fazendo carinho. Só se separavam para dormir, quando Cute – o nome do bichinho – ia para uma caixinha de sapatos forrada com flanela que ficava ao lado do berço. Clay tinha medo de dormir com o pintinho e, sem querer, esmagá-lo durante o sono. Um dia, o amigo maior não se conteve: "Posso pegar um pouquinho?".

---

1. Neologismo usado para se referir a pessoas cujo comportamento se confunde entre uma faceta amiga e outra inimiga.

Os olhos de Clay se encheram de lágrimas, como se ele soubesse o que iria acontecer. E aconteceu. De forma cruel. O amigo esmagou o bichinho com frieza inacreditável, até a morte, enquanto o outro se desesperava em dor e sofrimento. Ninguém sabia, mas aquela pobre família estava diante de um psicopata. Um menino que, apesar da idade, esbanjava frieza e crueldade sem limites. Que se alegrava com o sofrimento das pessoas e de outras crianças menores. Como podia? Se nos dias de hoje transtornos assim ainda passam despercebidos, naquela época era ainda pior.

O menino de olhos de jabuticaba não era sua única vítima, mas a mais frequente. Os pais de Clay redobraram os cuidados. Ele passou dias sem comer direito e várias semanas tendo pesadelos. Chorava muitas vezes de saudade de Cute. Passou a buscar mais segurança na companhia de Sultão.

Numa sexta-feira, o menino perguntou, enquanto a mãe encerava o piso de cimento vermelho:

"Mamãe, que dia é amanhã?"

"É sábado, Cleitinho."

"Então, mamãe, é amanhã o dia de morrer."

A mãe sentiu um vento gelado atravessar a sala, sentiu as pernas bambearem, jogou a enceradeira no chão e correu para perto do menino. Grávida de seis meses do segundo filho, sentou-se no sofá vermelho, botou o menino no colo consternada, apavorada, e disse:

"Não diga isso, meu filho, morrer é ruim, enterram a gente na terra, não fala mais isso. Pelo amor de Deus!"

"O papai me tira de lá", defendeu-se o menino entristecido e não convencido, para enterrar de vez o assunto diante do choque da mãe.

O dia não prestou mais. A peruqueira passou o resto da tarde e o dia seguinte inteiro trancada em casa com o filho. À noite, se sentiu mais aliviada, porque aquele dia estava chegando ao fim. Nenhuma profecia se confirmara. Coisa besta de criança. Ufa!

Clay já dormia no berço, no quarto da mãe. Quando ela se dirigia para a cama, bateram na porta. Aquela batida a fez entrar numa espécie de transe. Tudo parecia um filme. Era o casal de vizinhos, pais da criança diferente, movida por atitudes perversas. Eles nunca haviam visitado a peruqueria antes. Resolveram ir à casa da família justo naquela noite nebulosa, sem nenhuma luz e muito pavor. A mulher achou estranho. Por educação, convidou-os a entrar.

Quando o garoto perguntou por Clay, a mãe disse que ele já estava dormindo, que não o acordasse, mas, de repente, já era! Ele tinha ido até o quarto e acordado o garoto. Ainda indisposto, o filho da peruqueira, até então sem assunto com aquela gente, sugeriu brincar de carrinho, mas o visitante recusou:

"Não. Hoje, vamos brincar com o revólver do meu pai. Pai, você me empresta o seu revólver?", perguntou ao pai, sentado no sofá.

A mãe de Clay ficou sem ação. Como se diz no interior, os nervos ficaram fracos. Achou que só poderia ser uma piada. De extremo mau gosto.

"O revólver preto não, pai! O branco!", exigiu a criança.

O pai quis recusar, mas a mãe do menino interveio:

"Dá pra ele. É só uma brincadeira!"

Quando o pai sacou o revólver, tirando as balas – teria tirado todas? –, a mãe de Clay já fazia uma prece. Tudo ficou em câmera lenta. Foi o segundo mais longo e cruel da história de sua vida.

"Gente, isso não é coisa de criança!", sussurrou ela, tentando influenciar no inadiável, sem força alguma para impedir.

Clay correu para o colo da mãe bem diante daquela barriga que despontava na camisola velha e desbotada. O tiro pegou bem no meio do peito, em cima do coração. O menino olhou triste e terno para o rosto dela e ainda disse antes de tombar:

"Ai, mamãe."

A peruqueira conta que escuta isso todos os dias, depois dorme e tem o mesmo sonho. Vê o menino correndo ao seu encontro. Nunca conseguem se abraçar, e a mãe acorda aos prantos. Isso acontece até hoje. Quatro décadas depois.

Como estava previsto, o pai, um jovem motorista da barragem de Furnas em Itumbiara, no interior de Goiás, já na divisa com Minas Gerais, até tentou algumas vezes, mas não conseguiu desenterrar o filho, conforme o menino pedira, desconfiado e ungido por um momento de premonição. Quando finalmente voltou ao trabalho, depois de uma licença por luto seguida por uma licença médica, o pai magricela pegava um pedaço de pau, um galho qualquer, e escrevia mensagens para o filho na areia da praia que se formava com a gigantesca barragem ainda em construção. Eram muitas mensagens. Dezenas, centenas, milhares, até preencher toda a praia.

"Desculpa, Cleitinho, o papai não pode te buscar. Eles não deixam."

Assim se repetia o dia todo, o tempo todo. E os operários da obra que ele transportava, ali, olhando aquilo enquanto esperavam o ônibus. Entendiam a dor daquele pai. De cortar o coração de quem via. Os outros motoristas acompanhavam consternados. O homem tinha ficado louco. Mais uma vez foi afastado do trabalho por problemas de saúde. Estava realmente incapacitado para qualquer função. Talvez, temporariamente, para a vida.

Movido pela culpa, o pai do menino assassino, o juiz, não podia ver o caminhão ou ônibus conduzido pelo pai da vítima. Mesmo meses depois do ocorrido, o homem se jogava na frente do veículo, tentando o suicídio, comprometendo ainda mais a sanidade daquela família já devastada. Caso tivesse sido bem-sucedido, todas as testemunhas desse drama desgovernado poderiam finalmente dizer: "Foi vingança!". Não deveriam mais nada um para o outro. Como se a Terra fosse um lugar para esse tipo de acerto de contas desastroso que só gera mais sofrimento.

Sempre que era surpreendido por essa conduta na rua, o pai de Clay freava bruscamente e descia do caminhão ou do ônibus cheio de peões de obra, impedindo o suicídio por atropelamento – recurso muito comum até hoje para o autoextermínio camuflado. Nas unidades de saúde, esse tipo de ocorrência é tratado como acidente de trânsito, atropelamento. Mais fácil para que o plano de saúde cubra os gastos.

"O que mais quer de mim?", perguntava o pai de Clay para o homem no chão, vivinho da silva e frustrado. "Vocês já acabaram com a minha vida. O que mais querem de mim?" Ligava o motor e saía cuidadosamente, para que o homem em desespero não se atirasse nos pneus de trás. Isso aconteceu mais de uma vez.

Não se sabe se o motorista da barragem de Furnas, o pai de Clay, já apresentava algum problema psicológico, mas a morte do filho foi devastadora. Tinha momentos de depressão profunda. Quando ficava muito angustiado, chegava a soltar uma espécie de uivo alto, com o qual tentava espantar a dor do luto. Mas nunca aborreceu ou feriu ninguém. A não ser ele próprio. Como era um homem de nenhuma religião, mas muita fé, nunca pensou em se matar. Só não queria mais viver, e assim foi levando as semanas, os meses, os anos.

Optou por um suicídio a conta-gotas, gradual e diário, daquele em que se morre todo dia um pouco. Talvez o mais comum e prevalente entre todos os tipos. Sem sangue, sem chocar a sociedade. Com aqueles olhos espremidos pelas pálpebras caídas, ele permanece horas olhando para o nada, flertando com o vazio, com o pensamento perdido. Mesmo com o auxílio da família, nunca mais teve vontade de viver. E assim foi vivendo.

O outro menino, o maior, seguiu fazendo maldades. Cada vez maiores. Só parou quando foi atingido por um tiro, antes dos 18 anos. Tentava pela primeira vez assaltar uma casa. Antes de morrer, gabava-se sempre: "O difícil é matar o primeiro. Depois fica fácil! Já matei um!".

O bebê do luto

Com a tragédia que se abateu sobre aquela família, a mãe quase perdeu o bebê, salvo pelo corpinho frágil do irmão mais velho, que, de forma surpreendente para os médicos, guardou a bala para si, não deixando chegar à barriga da mãe. Era mais um feito generoso de Clay. Mas, contrariando todos os riscos de um aborto espontâneo, a menina nasceu bem, no mês de agosto, na data prevista.

Antes, se embolava toda na barriga da mãe, como se quisesse sair logo daquele lugar insalubre, que havia se tornado triste demais, quase insuportável. A menina nasceu com a cara do irmão. Ou seriam os olhos da mãe que buscavam identidade? Qualquer semelhança parecia um alento.

A mãe amava a garotinha, cuidava dela com carinho, mas um filho não substitui o outro. Ela amamentava a menina chorando a morte do filho que partiu. Ia chorando e enxugando as lágrimas que molhavam o rostinho bochechudo e rosado. A menina sorria, achando que era um carinho. E, por alguns instantes, a peruqueira secava a própria dor. A mãe teve mais um filho depois da menina. Investiu tudo que ganhava na educação deles. Nunca faltou amor. A família se apoiou nos alicerces da união para não definhar diante daquele drama.

Mas a vida jamais poderia ser como antes. Talvez por efeito reverso, a menina era dada a piadas, tinha talento para o humor, arrancava risos até em horas impróprias. Assim, distraía a mãe às gargalhadas.

"Essa menina sai com cada uma", ria a peruqueira, que nessa época já tinha se mudado de casa e de bairro para se afastar das lembranças e das más companhias. Não por muito tempo. A dor da alma contamina a mente e às vezes se materializa nas células do corpo. A dor da mãe virou uma síndrome do pânico que surgiu alguns anos depois, além de depressões temporárias. Ela também tinha medo de tudo. De muita vastidão, horizontes demasiado abertos e também de lugares fechados. Achava que até um trovão poderia roubar seus filhos, como uma bala mais certeira que perdida.

Quarenta anos depois, um câncer brotou bem do lado do peito onde o menino caiu e o bebê se salvou. Teve que arrancar parte da mama e da axila esquerda. Com um tratamento austero e drogas pesadas, aparentemente se livrou da doença. Se a quimioterapia se mostrou eficiente para o corpo físico, não resolveu nada para a alma. Melhor água benta. Mesmo assim, a peruqueira, agora aposentada, tocou a vida, sempre apostando no lado bom que as coisas têm.

Apesar do sofrimento, passou esse ensinamento para os filhos: sejam resilientes. De fato, nunca disse essa palavra, não fazia parte do vocabulário dela, mas usou tantas outras com significado parecido. "Enfrenta! Vai! Continua! Seja gente! Não deixe ninguém com o coração doendo por sua causa! Não tenha medo, minha filha!" Só ela poderia ter esses fantasmas do medo, e eram assustadores. Uma mãe continua de pé, mas morre quando enterra um filho. Não se discute.

A menina, por muitas vezes, também se sentiu uma criança, e até uma jovem, vulnerável. Difícil conhecer uma pessoa que, seja por um transtorno ou uma dor intensa, uma vergonha insuportável, não fique vulnerável alguma vez ou por um período na vida. No caso daquela jovem, não por falta de amor, mas porque carregava consigo a obrigação de devolver a vida e a alegria àqueles seres encantados e perdidos: a família que o universo, a espiritualidade lhe ofereceram. E assim o fez! Todos os dias, não sem sequelas. O bebê do luto precisava abastecer a família sempre com porções novas de riso e vigor.

"Vai lá! Enfrenta o medo que ele some!" Mas também se cansava do peso da própria história.

Curar-se para compreender a dor do outro

Durante toda a série da Record TV, me perguntei: "Por que estou fazendo essas reportagens? Por que me abalei tanto com as histórias devastadoras dessas mães? Por que não fujo desse assunto indigesto? Por que não peço para trocar de pauta?".

Antes de me escalarem como uma das repórteres da série documental "Suicídio – Alerta aos jovens", eu tinha um propósito de ter uma vida mais leve, com menos rigor, sem tantas obrigações. Caçar menos pautas complexas, deixar de falar sobre tráfico de crianças, de mulheres, trabalho escravo. Fazer mais matérias de comportamento.

"Não sou uma Joana d'Arc. Não vou salvar o planeta! Ah... a barreira colorida de belos corais do Atlântico..." Só que não. Essa missão de lidar com jovens vulneráveis e seus sobreviventes – as pessoas próximas que sofrem parte das consequências de seus atos extremos – me tirou do prumo. Foram cinco semanas de desespero. E olha que os repórteres são treinados e preparados para conter suas emoções. São induzidos a ter controle, separar as coisas para que o trabalho flua bem, com dignidade, sem sensacionalismo. Eu tinha crises de choro constantes, insônia, falta de apetite. Não comuniquei a meus pais para não preocupá-los.

Quando voltava pra casa depois de um dia tenso de entrevistas pesadas, não conseguia parar de pensar. Li todas as cartilhas do CVV, o relatório da Associação Brasileira de Psiquiatria por inteiro e vários livros sobre o tema. Para quê? As matérias especiais têm em média 7 ou 8 minutos. Por que esse martírio? Depois que acabou a série, o incômodo não foi embora.

Tive a ideia de escrever um livro. Mas por que uma pessoa que almeja uma vida mais leve, mais branda, resolve mergulhar num assunto assim? Tão desconfortável e cruel, tão doloroso. Achei que estava perdendo o juízo. Talvez estivesse começando a tê-lo de verdade. Numa conversa com Robert Paris, ouvi dele uma explicação sobre a metodologia do trabalho da ONG:

"Para ouvir de coração a dor do outro e ajudar, é preciso curar as próprias dores. Senão nos tornamos vulneráveis e não somos úteis. Sem nos enxergar na profundidade, não conseguimos aplicar a verdadeira técnica da 'escutatória'. Aí quem precisa de nós vai saber que não estamos lá, que estamos ausentes, perdidos no nosso próprio sofrimento. A psicanálise já disse isso no mito do curador ferido."[2]

---

2. Arquétipo criado e disseminado por Carl Gustav Jung a partir do mito grego de Quíron, o rei dos centauros.

Bingo!

Mas, pelo menos outras cem vezes, milhares delas, no início deste livro, debruçada sobre dezenas de gravações e entrevistas de partir a alma ao meio, me questionei se valia a pena. E o mais complexo: a Benvirá queria um trabalho delicado, cuidadoso, voltado para jovens curiosos e pais aflitos. Uma obra que tivesse tempo para a edição, para que, assim, encaminhasse ao auxílio em tempos de Baleia Azul e altos índices de suicídio no mundo. Mas eu tinha pouco mais de alguns meses para escrever cerca de 200 páginas, sem me afastar da Record. Parecia impossível e insano.

Depois do segundo capítulo, à medida que as páginas avançavam, lembrei-me da palestra de um querido colega, que fala de suicídio faz tempo, desde quando o assunto era um tabu ainda mais severo. O jornalista André Trigueiro, autor do livro *Viver é a melhor opção*, tocou na ferida de maneira precisa, preventiva e generosa. Algumas de suas palavras ficaram gravadas em minha memória até hoje e tento resumir a mensagem aqui:

Vamos enfrentar nossos obstáculos que eles diminuem de tamanho, longe das entranhas do medo. Que atravessemos a reta de chegada, que cumpramos nossa missão: a de dar energia à trupe, a de devolver o sol, botar de pé a chance do viver! Quantas vezes for preciso! Se necessário, com ajuda de amigos, da família e de empenhados especialistas da saúde mental. Algumas pessoas são mais necessitadas, movidas por transtornos e doenças graves que provocam dor e sofrimento; outras, por causa do álcool, das drogas, acuadas pelo pavor da violência. Cada qual com os seus porquês, menos ou mais que treze.

Neste mundo competitivo, apressado e conectado mais com a tela do que com as pessoas, todos somos de alguma forma vulneráveis. Quando comecei a escrever este livro, me senti, por alguns capítulos, incapaz, não merecedora de tatear um terreno tão complexo, sem causa exata ou genética única, ao qual mestres e doutores, suicidólogos renomados, se dedicam há décadas. Tive muito medo de ferir alguém.

Meus pais foram contra. Mesmo assim, com ajuda dos mesmos especialistas, verdadeiros mestres de sabedoria e generosidade, resolvi seguir. Com a experiência e o conhecimento deles e com a minha intuição. Já no fim do livro, conheci um texto do escritor anglo-galês Georg Herbert que me trouxe alento e entusiasmo: "Por falta de um prego, perdeu-se uma ferradura. Por falta de uma ferradura, perdeu-se um cavalo. Por falta de um cavalo, perdeu-se um cavaleiro. Por falta de um cavaleiro, perdeu-se uma batalha. E, assim, um reino foi perdido. Tudo por falta de um prego".

Era isso. Queria dar a minha humilde mas bem-intencionada contribuição ao front do combate ao suicídio, contar o que ouvi, a gravidade e a dor do que presenciei junto com sobreviventes das mais variadas idades e classes sociais. Ser, se não um prego, um instrumento de condução de uma mensagem de vida, de cooperação, de atenção. Um parafuso nessa engrenagem valiosa que se chama prevenção.

Não tenho a pretensão de que este livro seja um best-seller ou que os depoimentos aqui relatados com a alma de sobreviventes diretos e indiretos do suicídio sejam capazes de livrar uma geração da vulnerabilidade e do risco extremo. Mas, se um capítulo, uma frase que seja, levar alguém, algum jovem, alguma pessoa, qualquer família, a refletir sobre a nossa conduta, a lutar contra a desesperança, a procurar o auxílio correto, a estar atento ao próximo e a devolver o entusiasmo perdido, reduzindo os índices de automutilação e autoextermínio, terá valido a pena. Valeu ver de perto a cara contorcida do medo, de conviver com a dor que sequestra a vida estampada no rosto das pessoas, de ouvir o desabafo dilacerante das mães órfãs do suicídio, do receio constante do efeito imitativo ou do contágio.

Não se mergulha num assunto assim e se sai incólume como quem flutua numa piscina azul. De tantos ensinamentos de vida que tirei deste livro, concebido para prevenir a pior das mortes, o mais relevante é que tudo tem um propósito, um sentido. E, seja qual for, não devemos nos intimidar com o tamanho dos desafios e a dureza dos obstáculos. Eles são nossos e, por algum motivo, endereçados para nós. Principalmente por isso, devemos nos orgulhar da nossa história, nos apossar dos nossos problemas, pegar no correio dos dias a nossa encomenda. Já que todas as dificuldades trazem consigo muitas oportunidades, camuflam uma grande missão.

Vai lá! Enfrenta! Seja gente! E, de perto, de cara limpa, os medos se enfraquecem. A clareza das ideias e a luz do dia seguinte espantam a nebulosidade que vagueia poderosa na escuridão do agora.

Sendo a filha sobrevivente da peruqueira, o bebê do luto salvo pelo irmão querido que nem cheguei a conhecer, não poderia mesmo assistir a tudo isso imóvel, plantada diante da TV, enquanto a reportagem passa e a vida segue. Ser um parafuso sabedor da sua função ajuda você a ajustar a máquina da própria existência, romper os lacres, conspirar de forma coletiva para um universo cheio de humanidade, e não só de humanos, curar as próprias feridas.

Clay, meu irmão